ŒUVRES

DE

SAINT-SIMON & D'ENFANTIN

PUBLIÉES PAR LES MEMBRES DU CONSEIL

INSTITUÉ PAR ENFANTIN

POUR L'EXÉCUTION DE SES DERNIÈRES VOLONTÉS

ET

PRÉCÉDÉES DE DEUX

NOTICES HISTORIQUES

NEUVIÈME VOLUME

PARIS

E. DENTU, ÉDITEUR

LIBRAIRE DE LA SOCIÉTÉ DES GENS DE LETTRES

PALAIS-ROYAL, 17 ET 19, GALERIE D'ORLÉANS

1866

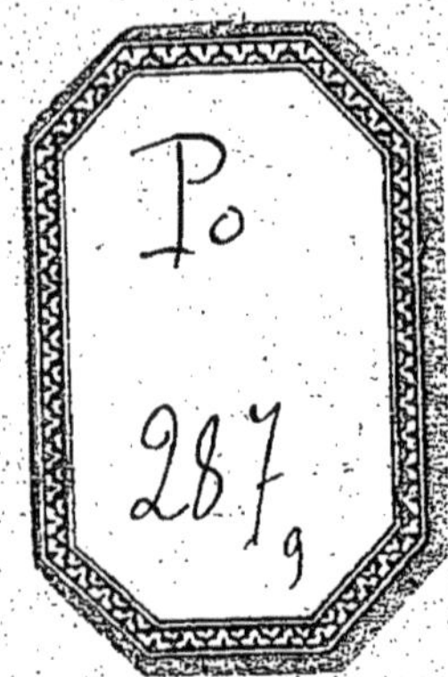
Po
287 9

ŒUVRES

DE

SAINT-SIMON & D'ENFANTIN

IX

Imprimerie L. TOINON et Cᵉ, à Saint-Germain

ŒUVRES

DE

SAINT-SIMON & D'ENFANTIN

PUBLIÉES PAR LES MEMBRES DU CONSEIL

INSTITUÉ PAR ENFANTIN

POUR L'EXÉCUTION DE SES DERNIÈRES VOLONTÉS

ET

PRÉCÉDÉES DE DEUX

NOTICES HISTORIQUES

NEUVIÈME VOLUME

PARIS

E. DENTU, ÉDITEUR

LIBRAIRE DE LA SOCIÉTÉ DES GENS DE LETTRES

PALAIS-ROYAL, 17 ET 19, GALERIE D'ORLÉANS

1866

NOTICES
HISTORIQUES

II

ENFANTIN

(SUITE)

XXVII

(1833)

(Avril - Juillet.)

Le jury de 1833, contrairement à la décision du jury de 1832, a répondu aux poursuites opiniâtres du ministère public par une déclaration négative qui rend l'article 291 du code pénal inapplicable aux réunions saint-simoniennes, au sujet desquelles la récidive a été pourtant solennellement avouée. Le caractère essentiellement religieux de ces réunions est donc implicitement reconnu. Le droit de cité ne peut plus être contesté au saint-simonisme partout où la liberté de conscience n'est pas un vain mot. Dans tout pays libre, il pourra pratiquer sa foi, exercer son culte, en restant religieusement dans les limites tracées par la loi commune pour le maintien de l'ordre public.

Ce succès externe du saint-simonisme coïncide d'ailleurs avec l'acte important qui modifie sa constitution intérieure.

Enfantin a abdiqué le commandement suprême qu'il exerçait dans la famille saint-simonienne; chaque membre de cette famille est libre désormais. Il peut choisir le mode d'enseignement, le genre d'apostolat qui lui paraît le plus propre à l'expansion et au triomphe de sa foi. Les propagateurs de l'idée nouvelle, depuis l'emprisonnement du maître, ont pu, comme autrefois les pêcheurs de la Judée après l'ensevelissement du Seigneur (que la légende sacrée fait suivre du double miracle de la résurrection et de l'ascension); les propagateurs de l'idée nouvelle ont pu se répandre parmi les nations, sans plus être soumis à une discipline particulière; ils ont pu parler à chacun sa langue, et se faire tout à tous pour les pousser tous dans la voie du progrès universel.

Mais ce qu'Enfantin ne pouvait ni abdiquer ni

perdre, c'était sa supériorité morale et intellectuelle, c'était l'amour, le respect et l'influence que cette supériorité devait lui faire obtenir partout et toujours; c'était le désir ardent, la passion profondément religieuse dont il était plus que jamais embrasé, de mettre toutes ses facultés, tout son être, au service de DIEU, PÈRE et MÈRE, et de l'HUMANITÉ, *homme* et *femme*.

Toutefois le sentiment de sa supériorité ne l'empêchait pas de proclamer avec sincérité, avec joie, avec espoir, la pleine indépendance de ses enfants. Loin de se croire *Dieu*, comme les esprits superficiels l'en accusaient, il savait et il professait mieux que personne ce que nous avons dit en tête de cette publication, que *les beaux jours des pouvoirs descendus du ciel sont passés pour ne plus revenir;* que *les hommes infaillibles et irresponsables dans l'ordre spirituel comme dans l'ordre temporel, ne sont plus possibles, dès que l'esprit humain ne veut plus admettre qu'une révélation naturelle, permanente et progressive, émanant à la fois du génie de l'initiateur et de l'assentiment libre, actif et fécond des initiés.* A ses yeux donc, point de gardien privilégié et unique des secrets des destinées humaines, point de guide exclusivement apte et seul appelé à la direction des réformes religieuses et des évolutions sociales. Tous y concourent, quoique à des degrés inégaux, suivant la diversité des aptitudes, et sous des formes variables selon les temps et les lieux. Dans l'état normal des sociétés, les aptitudes fonctionnent hiérarchiquement, depuis le faîte de l'édifice destiné à la plus haute intelligence et où le génie a toujours une place réservée, jusqu'aux derniers postes confiés aux intelligences moins favorisées. Or, la société saint-simonienne, en l'absence de la femme, manquait de l'un des éléments de l'individu social, tel qu'elle le concevait, et ne se trouvait point par conséquent dans ses conditions normales. De là, le caractère exceptionnel et provisoire des formes de l'autorité dans sa constitution primitive. Après le duumvirat, était venue l'autocratie, laquelle abdiquait à son tour au profit de la démocratie, en attendant l'inauguration de la hiérarchie définitive. L'heure de l'émancipation ayant sonné pour les disciples, c'était à chacun d'eux à comprendre et à faire spontanément tout ce dont il pouvait être capable pour la propagation de la foi commune. — Les lettres du maître à Petit et à Holstein, datées de Sainte-Pélagie, avril 1833, indiquent combien Enfantin attachait d'importance à cette transformation de la vie apostolique.

« Je ne veux, disait-il à Alexis Petit, marquer ni suggérer à personne comment il doit s'occuper de Dieu, de la mère, de moi, du peuple, des femmes, mais je ne *défends* à personne de s'occuper de Dieu, de la mère, de moi, du peuple et des femmes, comme il le *saura* et le *pourra*.

« Au contraire : Je crois que mes enfants s'occupent mieux et plus de Dieu, de la mère, de moi, du peuple et des femmes aujourd'hui, s'ils le font selon leur *volonté*, selon la forme et l'esprit qui leur convient, que selon MA volonté..

» Et plus nettement encore, pour répondre à ce que tu me dis des soins de ma personne, je crois que le *culte* rendu à ma personne sera beaucoup plus digne de moi et de vous tous et toutes, quand je n'y interviendrai pour rien absolument, que lorsque Michel et moi bientôt serions obligés de descendre au greffe chercher vos paquets, vos lettres, et presque vos bouteilles et vos plats.

» Car je suis *prisonnier;* et le culte doit indiquer que je suis séparé de vous.

» Pour te donner un exemple qui te fera sentir mon idée ; j'aimerais pour ainsi dire mieux n'avoir reçu du dehors ni vin, ni journaux, ni lettres, ni lait, ni beurre, allumettes, charbon, etc. ; et que le culte d'amour que mes enfants m'ont donné se fût reporté avec toute sa *dignité* sur les quelques familles de prisonniers que, dans le temps, j'avais indiquées.

» Car je communie en ce jour avec les prisonniers [1], et ce n'est pas pour rien pour eux si c'est pour quelque chose pour moi.

» Ceci est pour te montrer une des mille formes sous lesquelles on peut s'occuper de mon *avenir*, de mon *repos* et de ma *gloire* même, sans pour cela faire la causerie quotidienne au greffe avec Michel ou moi. »

Peu de jours après, développant l'idée de son abstention absolue, il écrivait à Holstein :

« C'est presque en brutalisant la religieuse *fidélité* de Michel, que JE suis parvenu à lui faire comprendre qu'il devait chercher en lui, indépendam-

1. Sainte-Pélagie renfermait alors un grand nombre de prisonniers pour dettes ou pour délits politiques. Le complot légitimiste des *Prouvaires*, l'insurrection républicaine de Saint-Merry, les sociétés populaires et les affaires de presse avaient concouru à remplir les geôles. Enfantin a mentionné, dans ses archives, les noms de ses compagnons de captivité. Ils y sont classés par ordre alphabétique. On trouve, parmi les détenus pour délits de presse, les noms suivants : — Aubry-Foucaud, gérant de la *Gazette de France*; Besnier, Barbier, de Bussy, Basières, Blanqui, Bouvet, Blondeau, Dentu, Destigny, de Fleury, Guyot, Hivert, Larochefoucauld (Sosthènes), Lionne, Ledieu, Lachassagne, Lapommeraye, Mie, Pellepart, Rivail, Salgé, Thourel (Antony).

ment de moi, si DIEU ne voulait pas de lui une autre œuvre aujourd'hui que de rester près de moi; si, dans l'intérêt de ma gloire même, il était bien certain que Dieu lui ordonnât de subir la même condamnation que moi, de rester collé à moi, enfin même s'il pouvait affirmer que sa présence près de moi fût plus favorable que son absence, à moi, à lui, à tous. D'Eichthal a dû, selon sa forme, réveiller bien des hommes qui dormaient sur le sein du PÈRE; gloire à lui et à Charles, car ils ont aussi réveillé le PÈRE. — Gloire à Barrault aussi, qui, *à sa manière*, a voulu dégourdir les enfants dispersés, et mêler du sang de la MÈRE au sang du PÈRE qui se *figeait* dans leurs veines. Mais je veux aussi qu'on dise un jour gloire à moi, et que les vieilles accusations des dissidents qui ne voyaient pas en moi un HOMME et qui me supposaient l'indispensable nécessité d'avoir une cour d'esclaves, tombent devant ma propre servitude, autant du moins qu'il est en MOI. Je ne veux pas qu'il puisse être dit que moi, HOMME, je ne suis pas fait pour donner aux hommes la LIBERTÉ, parce que je ne suis pas fait moi-même pour vivre de ma PERSONNALITÉ! J'ai donc voulu mettre tous mes enfants, mais parmi eux surtout ceux qui me témoignaient le plus de fidélité personnelle, en position de sentir, de penser et d'agir dans la plus complète indépendance de moi, de manière à ce qu'ils vissent bien que ce serait même une joie pour moi le jour où je verrais qu'ils ont senti personnellement une volonté de DIEU sur eux autre que celle qu'ils accomplissent comme tradition de notre vieille vie de famille mâle; car ce que je veux, c'est qu'ils sentent personnellement leur mission, indépendamment de la volonté qu'ils me supposent.

» Michel m'a compris après de longs et pénibles efforts. Il sent son œuvre, j'ai voulu l'ignorer; et je me réjouis et me glorifie de l'avoir une seconde fois engendré; je lui avais donné sa vie de disciple, il touche à la vie d'HOMME. Rochette a compris par Michel.

» J'espère que Petit comprendra actuellement.

» Duguet n'avait eu besoin que de mon silence *persistant* et *calculé*. Mais je l'ai dit vingt fois à tous, et puisque tu as lu mes lettres à Petit, tu as dû le voir; ce que j'ai voulu, c'est qu'on se décidât comme si JE n'avais aucun désir PROPRE, quant à la destinée que chacun se concevrait; de telle sorte que je disais même souvent à Michel et j'écrivais même à Petit : *Votre destinée est peut-être de* COMBATTRE MA VOLONTÉ, *soit que vous supposiez que* JE VEUX *vous avoir près de moi, soit que vous pensiez que* JE VEUX *vous voir à* UNE AUTRE ŒUVRE.

» En d'autres termes, ce que je veux, c'est comme je le disais à Aglaé, non pas qu'on me demande comment *je conçois ma vie avec vous cette année, mais comment vous concevez la vôtre*, par rapport à MOI et à TOUS. Si donc j'ai été obligé de pousser quelquefois jusqu'à l'exagération les formes par lesquelles je voulais *forcer* mes enfants à *s'émanciper*, c'est que j'ai foi que DIEU m'ordonne d'aller jusqu'à provoquer quelquefois leur *désobéissance*, pour m'assurer qu'ils ont le sentiment profond de leur *liberté*, et qu'ils ne font que ce qu'ils sentent vraiment saint de faire, et cela selon les lumières de LEUR foi, non de la MIENNE, car la mienne est qu'ils *doivent* faire aujourd'hui ce qu'ILS veulent et non ce que JE veux, ce qu'ils croient utile à MOI, à EUX, à TOUS et non ce que JE juge tel.

» Quand crois-tu que je devrai de nouveau communier avec le monde?

» Lorsque finira la prison, dis-tu? — Oui, si la FILLE de DIEU est née de ce germe; non, peut-être, s'il faut l'*attendre* encore; car la prison n'est pas la seule solitude; et le monde, pour qui n'est pas comme lui, est encore une solitude; or, peut-être Dieu veut-il que je sois SEUL jusqu'à SA venue.

» C'est donc au monde à me tirer de *ma* solitude (prison ou autre) et non à MOI à retenir encore quelques-uns de ses membres près de MOI; c'est à lui à me *forcer* de communier avec lui, à M'appeler, et non à moi à les faire passer à travers mes guichets; c'est à vous TOUS à faire tomber les murs de ma prison, et non à MOI à vous embrasser à travers des barreaux de fer.

» Si je ne me conduisais pas ainsi, à l'égard de tous ceux à qui j'ai donné ma foi en DIEU, PÈRE et MÈRE, si je ne les poussais pas à songer plutôt à hâter la fin de ma solitude qu'à la charmer par leur fidélité, je faillirais à ma mission; car la fin de MA solitude, c'est la venue de la MÈRE. Et je te le dis encore, la solitude n'est pas la prison seulement, elle peut exister sans grilles et sans verrous, elle existera ainsi peut-être, si mes fils ne se hâtent, elle existera ainsi s'ils songent plus au *présent* du PÈRE et au LEUR qu'à NOTRE *avenir*.

» Et songe bien qu'en agissant ainsi, je n'affirme pas que TOUS doivent obéir à l'impulsion que je leur donne, mais seulement que je dois la leur donner. Or, je n'ai en vue que de te faire comprendre et approuver ce que j'ai fait, que de te faire sentir que je devais le faire.

» Oui, je veux que le monde qui m'a repoussé m'appelle; que lui qui m'a méconnu me nomme; alors, seulement alors JE répondrai et viendrai; jusque-là je serai en prison. Et pour cela je dois dire à ceux qui savent mon nom, de l'enseigner à TOUS, plutôt encore que de ME le dire, quand bien même ils me répondraient que la seule manière qu'ils connaissent de l'enseigner à TOUS est de ME le dire à moi-même; car alors au moins mon avertissement aura servi peut-être à leur faire proférer plus haut et d'une manière plus claire et plus sonore leur religieuse parole [1].

1. Enfantin s'était nommé lui-même, devant les jurés de 1832, le *précurseur* de la *femme-messie;* mais il pouvait se croire destiné aussi à en devenir l'époux. Il attendait sans impatience, mais non pas sans souffrance. Le plus grand nombre des fidèles espérait en lui. Quelques-uns se livraient à des conjectures qui excluaient le *précurseur* de la mission de l'époux. Ollivier écrivit là-dessus à Enfantin :

« Barrault et ses compagnons arrivèrent à Lyon avec un sentiment de réaction très-fortement prononcée contre *votre autorité* (c'est Hoart qui parle). Rigaud alla même jusqu'à dire qu'il était possible que la mission que DIEU vous avait donnée fût d'appeler *la femme*, sans être pour cela *l'époux.* Barrault rejeta avec la plus grande énergie cette pensée, et déclara que la raison de sa mission était qu'il avait connu le PÈRE et qu'il allait vers la MÈRE, qu'il était votre lien avec ELLE. Telle était leur foi à tous lorsque je suis allé à Lyon.

» Adieu, Père; je vous aime. — OLLIVIER. »

» Ne t'absorbes pas trop dans la FAMILLE, dans l'affection à *petite distance*, quoique ce soit bien là ta vie, quoique ce soit par-là surtout que nous nous aimons *tous deux*, car c'est par ton PÈRE et ta *sœur*, par mon *frère* et ma MÈRE que nos vies sont unies pour TOUJOURS ; mais c'est pour le *monde tout entier* qu'après et pendant notre communion sainte d'ÉTERNITÉ, nous avons reçu le grand baptême de l'IMMENSITÉ. — P. ENFANTIN. »

La religieuse fidélité du disciple, *presque brutalisée* par le maître, comme il est dit au commencement de cette lettre, avait fini en effet par fléchir en Michel Chevalier et par céder aux désirs d'Enfantin. Le 17 mars, il avait été décidé qu'il demanderait d'entrer dans une maison de santé, et il s'était abstenu d'assister à la communion du PÈRE avec les prolétaires de Sainte-Pélagie. Le 7 avril, sa barbe avait été coupée ; le 8, il était venu au procès en habit bourgeois. « Le 5 mai, ajoute Enfantin dans la note d'où nous extrayons ces détails, il quitta sa chambre près de moi pour passer dans l'autre corps de bâtiment ; et jusqu'au 6 juin, jour de sa sortie de la prison, il n'y eut aucun rapport entre nous. »

Et tandis que les apôtres les plus fidèles jusque-là étaient amenés à s'éloigner successivement d'Enfantin et l'aidaient à faire la solitude et à répandre la liberté autour de lui, selon ses convenances et ses aspirations actuelles, les premiers dissidents gardaient et exprimaient toute la vivacité de leur répulsion pour les théories, et quelques-uns pour la personne du Père suprême. Leurs noms sur les anneaux du collier ou dans le calendrier donnèrent lieu à des récriminations qui nécessitèrent l'intervention conciliatrice d'un éminent jurisconsulte. Les plaies étaient encore saignantes du côté des protestants. Enfantin avait pu s'en convaincre, lorsque, au moment d'entrer en prison, il avait fait convoquer les anciens saint-simoniens de toutes les nuances pour visiter les tombeaux des morts de la famille nouvelle. Cette tentative de réconciliation prématurée lui avait valu cette réponse :

« Paris, 15 décembre 1832.

» Michel m'a adressé de votre part, Enfantin, une circulaire au sujet de laquelle il est nécessaire que je vous fasse connaître ma pensée. L'appel que vous me faites se rapporte à quelque chose de trop sacré pour que je puisse me contenter d'y répondre par le silence. Je ne suis point allé avec vous sur les tombeaux parce que vos cérémonies et vos discours ne me paraissent pas dignes de la grandeur et de la sainteté de la mort, et parce que en y assistant, outre la douleur personnelle que j'en aurais éprouvée, j'aurais pu sembler à quelques-uns les consacrer par ma présence. Si, en visitant les lieux où reposent les derniers restes de ces images, votre cœur a été ému, en ce cas j'étais réellement associé à vous, autant qu'il m'est permis de l'être, car mon cœur s'émeut aussi lorsqu'il se reporte vers les temps et les hommes qui ne sont plus. Un autre motif de mon refus de me joindre à vous, dans cette pieuse visite, a été la circonstance au sujet de laquelle vous avez jugé convenable de la proposer. Ce que vous nommez le baptême de la prison a pour cause les idées que vous avez émises au sujet de la condition des femmes, idées que je regarde comme immorales, et par conséquent capables d'aggraver le sort d'un grand nombre de ces malheureuses. Je ne puis donc être raisonnablement touché de votre punition. Quant au baptême du salaire, tous ceux qui n'ont d'autres ressources pour vivre que celles qu'ils se procurent par leur travail sont réellement salariés, et il en est plusieurs qui depuis longtemps ont jugé conforme à leurs principes et à leur dignité de se soumettre à cette sorte de baptême, mais modestement et sans apparat. L'appareil factice de la vie ouvrière est chose peu édifiante par elle-même, bien qu'elle puisse vous paraître d'une bonne politique. En somme, j'ai refusé de faire une action pieuse en votre compagnie, parce que je ne veux point coopérer à la construction de votre évangile nouveau, et parce que je respecte trop la passion de Jésus-Christ pour ne point éprouver du dégoût et de la douleur aux parodies et aux plagiats que vous en essayez. — JEAN REYNAUD. »

Enfantin n'envoya que, huit jours après, la réponse suivante, datée de Sainte-Pélagie :

« Je ne t'ai pas répondu plus tôt, Jean, parce que je désirais que ma réponse te trouvât délivré du sentiment de *dégoût* et de *douleur* par lequel tu me saluais à la fin de ta lettre.

» Et d'abord je pense que tu n'auras pas, comme Jules, la faiblesse de t'offusquer de ce que je te tutoye toujours. Tu m'appelais PÈRE ; aujourd'hui tu me nommes *Enfantin*, et comme tu ne me témoignes d'ailleurs aucune affection pour ce qui fut entre moi et toi, cet Enfantin tout court exprime plutôt le dédain qu'autre chose, peut-être même le *dégoût*, puisque ce dernier mot est tombé de ta plume. Quant à moi, je ne suis pas *dégoûté* de toi, malgré tout ce que tu as fait à celui qui t'a sauvé de ton désespoir mortel de Corse, et mon tutoyement est toujours ce qu'il a été, *paternel* ; j'aurais donc, plus que toi, à me plaindre.

» Je te remercie, Jean; tu es le seul de ceux à qui s'adressait plus particulièrement ma demande qui ait au moins daigné m'expliquer les motifs de ton absence; j'aurais été surpris qu'il n'en fût pas ainsi.

» Tu ne veux pas, dis-tu, pour te résumer, *coopérer à la construction de mon évangile.* Que fais-tu donc? Ta pierre, que tu viens d'y jeter, y tiendra, sois-en sûr, une large place. La vie de l'HOMME ne se compose pas seulement des hommages et des tendres respects qu'il reçoit : il y a aussi dans cette *parodie* que tu m'accuses de jouer, des injures à recevoir de ceux qu'on aime, de ceux à qui l'on a donné le nom qui les distingue, le vêtement qu'ils étalent le plus glorieusement à la face du monde. Ta pierre restera, tu la retrouveras toi-même un jour, et tu la béniras, car elle fera aussi partie alors de ta vie de *douleur*, et qui ne souffre pas n'est pas homme.

» Toi, qui écris et parle politique, comment peux-tu penser avoir le *droit* de m'injurier pour la mission que Dieu m'a donnée, que je me suis conçue à l'égard des *femmes,* tant que tu n'auras rien dit toi-même de ce que tu désires pour elles, tant que tes rêves sur l'avenir social ne leur donneront pas de place, tant que tu les compteras pour rien dans tes combinaisons doctorales, tant que ta parole sera celle d'un maître ou d'un eunuque.

» Condamne-toi au silence, Jean, si tu ne veux pas, si tu ne peux pas, ou si tu ne dois pas parler des femmes ; car tout homme qui nous a touchés, même s'il nous renie, doit savoir qu'il fait œuvre mesquine et vulgaire quand il prêche l'égalité parmi les *hommes* et non l'égalité de l'*homme et de la femme,* lorsqu'il ne mène pas de front la politique et la morale, la cité et la famille.

» Ne crains rien ici de ma *politique* que tu redoutes tant ; je ne te demande pas de *nous* accuser pour parler de *nous*, de *nous* combattre pour nous faire connaître ; je te demande d'être grand pour toi-même, pour tous, comme tu dois l'être, et de ne pas te rétrécir par la crainte qu'entrant sur *notre* domaine on ne t'accuse de porter *notre* LIVRÉE.

» Aux femmes, Jean, aux femmes ! la vie doit être à elles et pour elles, car souvent tu en fais fi pour toi ; donne la leur donc, qu'en fais-tu? Crois-tu qu'il te suffira de leur apporter en hommage cette longue *protestation* haineuse, intérieure et sourde, que tu nourris contre moi ? Que je sois ce *monde de boue*, comme tu m'as nommé, ou un monstre de petite taille, géant tu dois me combattre, nain écrase et passe, mais parle, parle ! Tu n'es pas un muet de sérail; or le monde est un immense sérail, et les femmes et leurs maîtres ne t'entendent rien dire.

» Tu te crois donc prolétaire ! ! Ah ! Jean, quel blasphème ou quelle ignorance ! et tu parles de notre appareil *factice* de la vie ouvrière. Vraiment TA vie ouvrière me paraît curieuse aussi, surtout avec sa *modestie*. Non, Jean, tu n'es pas prolétaire, demande-le à Leroux, prolétaire lui-même, à Leroux l'affranchi; tu n'es pas prolétaire; sois plus modeste toi-même, tu n'en es pas digne, tu n'as pas reçu le baptême de sueur, de froid et de misère de la classe la plus pauvre et la plus nombreuse. *Jeune Français*, tu as escaladé les rochers de la Corse, tu as rompu le pain noir de ces bons montagnards qui te couchaient en joue; ta lettre était fort belle, le style en fait honneur à ton cœur et à ton esprit; tu serais, je le crois, un beau et bon prolétaire, mais tu ne l'ES pas; et si tu prétends l'être, je te l'assure, ta vie est *factice*, c'est une parodie.

» L'appareil *factice* de notre vie ouvrière, dis-tu? Mais Hoart et Bruneau ne sont cependant pas, que je sache, de grands comédiens, de rusés charlatans; ils ont ouvert la marche. — Desloges, tu crois donc qu'il fait semblant de travailler? Crois-moi, Rigaud, Rousseau, Massol, Rogé, Toché et Terson, et Cayol, et tous ceux qui sont venus à nous, depuis que tu fais des articles de journaux et que nous n'en faisons plus, ne seront ni maladroits à l'œuvre, ni faibles à la peine. Songes donc qu'ils sont au milieu de vrais prolétaires qui n'aimeraient pas cette mascarade, et auxquels ils désirent inspirer confiance et affection, car ils veulent communier avec eux, en toute liberté, ce que tu n'as jamais fait, Reynaud.

» Je le sais, tu ne pouvais comprendre en aucune façon la *préparation* SYMBOLIQUE, que j'ai donnée à tous mes enfants et à moi-même, à Ménilmontant; tu avais tant de fiel dans l'âme que nos travaux et nos costumes, nos chants et nos cérémonies t'ont fait mal au cœur..... à une lieue de distance!

» J'avais dit un jour que notre hiérarchie avait la peau trop blanche pour prétendre sauver le *peuple;* je l'ai noircie peu à peu; il m'a fallu à moi-même, Jean, sept mois pour *changer de peau;* tous n'ont pas pu opérer cette transformation; ils feront d'autres œuvres, mais aucun de ceux-ci n'a la folie de se croire l'homme du prolétaire.

» Tu t'es résumé ainsi : *non participation à cette parodie dégoûtante d'Évangile nouveau.* Une pareille protestation, renouvelée après un an de réflexion et de calme, est encore assez rude; mais elle est vaine, je te le répète, car tes coups de verge seront comptés dans ma vie, en 1832 comme en 1831. Moi aussi, je me résume.

» J'attends que tu sois assez *fort*, assez *vrai*, assez *homme* pour reconnaître ce que *tu me dois.*

» Jusque-là ne prononce pas sur ma *force*, sur ma *franchise*, sur ma *moralité*; il y aurait chez toi encore trop de *faiblesse*, de *dissimulation*, d'*immoralité;* ce serait *petit* et tu dois être GRAND..... un jour.

» Je te parle ainsi, afin que tu comprennes bien la demande à laquelle tu as si pauvrement répondu, et où il s'agissait de rendre hommage à ceux qui nous ont tous fait ce que nous sommes, à Saint-Simon, à Eugène, à Bazard, MORTS, à Rodrigues, *vivant.* Si je n'étais ce que je suis et si tu étais ce que tu crois être, tu serais venu là, au nom de Dieu, au nom de Saint-Simon, au nom des femmes et du peuple, prononcer sur ma tête l'oraison funèbre de

» TON PÈRE. »

Réplique de Jean Reynaud.

« Paris, le 1er janvier 1833.

» J'étais à mon village et un peu malade, ce qui fait que votre lettre ne m'est venue que fort tard. Si ma réponse vous a offensé, il me suffira, je pense, pour que vous ne le soyez plus, de vous dire que je n'en ai point eu l'intention : vous n'êtes point de ceux auxquels il faut envoyer la pensée enveloppée dans de la politesse. Il y a longtemps que je songe à faire ce que vous me demandez; l'état délabré de ma santé et divers soins m'en ont seuls empêché. Avez-vous donc pensé que j'étais si humble devant le public que je n'oserais lui dire ce que je pense de vous? Le mot de grand homme ne m'épouvante pas; bien d'autres sont, comme vous, rentrés en terre par la faute de leur orgueil et de leur ignorance. Vous avez parlé de dédain, je crois; rendez-moi la justice de dire que je n'ai jamais eu la prétention puérile de traiter avec vous d'égal à égal. Je vous ai cru dangereux pendant longtemps, et je vous ai craint; maintenant je ne vous crains plus. Vous ne soulèverez pas les prolétaires, et si vous le faisiez, le profit ne vous resterait pas. Vous êtes connu comme si déjà vous étiez mort. Que feriez-vous donc? Il vous aurait fallu quelque révolution pour vous y perdre, ou tout au moins quelque château de Ham pour y dormir. »

Après quelques récriminations toujours vives et amères, et dans lesquelles Enfantin était déclaré responsable d'une lettre plus ou moins agressive, de Michel Chevalier, Reynaud terminait ainsi :

« Vous prenez encore avec moi le nom de Père intellectuel sans doute; en me scrutant attentivement, j'ai vu que vos idées avaient agi sur les miennes bien plutôt par antipathie que par sympathie. Ce nom ne vous convient donc pas. Quant au tutoiement, gardez-le; je ne suis pas de ceux qui aiment à briser les anciennes choses comme de vieux jouets. — JEAN REYNAUD. »

Enfantin ne voulut pas continuer ce duel épistolaire. Il crut avoir répondu d'avance à la réplique de Reynaud en disant à cet ancien disciple qu'il contribuait, en dépit de ses protestations, à la construction du nouvel évangile, que la pierre qu'il y avait jetée y tiendrait une large place, et qu'il serait GRAND....., un jour !

Enfantin d'ailleurs, en cette circonstance, tenait par-dessus tout à témoigner, comme il l'avait fait à l'occasion de la mort de Bazard, que le désir et l'espoir d'une communion future et universelle entre les saint-simoniens de tendances diverses, ne cessaient pas de l'animer. Sa vue prophétique, sur ce point fondamental, ne pouvait être troublée, pas plus que son calme suprême ébranlé, ni par les démonstrations irritantes des dissidents les plus obstinés, ni par les déchirements intimes qui lui venaient de ses disciples les plus dévoués, dont la séparation, pour être nécessaire et providentielle à ses yeux, n'en laissait pas moins au fond de son cœur, une trace douloureuse.

Mais tout en gardant sa foi et ses prévisions, il chercha un instant quelque soulagement à ses ennuis dans un complet isolement. On avait fait, à son insu, une circulaire, appelant des souscripteurs pour la formation d'un fonds commun d'assistance, dont la première application lui était réservée. Cette tentative le blessa. « Je ne veux pas, écrivit-il à un de ses disciples, être l'objet d'une quête faite ainsi. Je ne demande plus rien, et si l'on veut demander pour moi, qu'on le fasse sans que je puisse être supposé soufflant la requête; au moins celui qui la fera en aura toute la gloire.

» Il n'y a en ce moment aucun moyen de formuler un vœu de famille, soit par le PÈRE, soit par les ENFANTS.

» Cette circulaire m'a fait plus vivement sentir

que jamais que je devais, dès ce jour, cesser toute espèce de relation avec le dehors de ma prison, comptant même sur toi spécialement pour en faire part, dans l'occasion, à qui s'informera de moi ; cessation dont je sens depuis longtemps la nécessité, ne fût-ce que pour avoir à désapprouver des actes dictés par un bon sentiment, sans doute, mais dont la forme m'est pénible. — Cessation qui n'attente à la *liberté* de personne, pas même à la tienne, et qui me mène à la mienne.

» Je te confirme donc ici ce que je t'ai dit cettte nuit.

» A partir du 19, anniversaire de la mort de Saint-Simon, je veux être aussi *seul* que je pourrai ; c'est-à-dire que toi, ni d'autres en dehors, n'aurez plus un seul mot de moi. — Et alors le monde fera ce qu'IL voudra, je l'aiderai en ne l'aidant pas. »

Pendant qu'Enfantin faisait la solitude autour de lui au fond d'une étroite prison, ses disciples allaient répéter bien haut et bien loin, à la porte des mosquées et des sérails de l'Orient, son appel à l'affranchissement des femmes; ils répandaient d'un continent à l'autre, à travers les mers, les germes de leur croyance à l'association fraternelle des peuples dans la liberté et l'égalité. Il leur était réservé de convertir, dans leur trajet, à cette nouvelle foi politique, à ce patriotisme humanitaire, l'héroïque soldat, encore inconnu alors, et qui devait jouer un si grand rôle dans la délivrance de l'Italie.

» Lors d'un voyage que je fis à bord de *la Clorinde*, dit Garibaldi dans ses Mémoires, ce bâtiment transportait à Constantinople une section de saint-simoniens conduits par Émile Barrault.

» J'avais peu entendu parler de la secte de Saint-Simon; seulement je savais que ces hommes étaient les apôtres persécutés d'une religion nouvelle. Je me rapprochai de leur chef et je m'ouvris à lui comme patriote italien.

» Alors, pendant ces nuits transparentes de l'Orient, qui, ainsi que le dit Chateaubriand, ne sont pas les ténèbres, mais seulement l'absence du jour; sous ce ciel tout constellé d'étoiles, sur cette mer dont l'âpre brise semble pleine d'aspirations généreuses, nous discutâmes, non-seulement les étroites questions de nationalité dans lesquelles s'était jusqu'alors enfermé mon patriotisme, — questions restreintes à l'Italie, à des discussions de province à province, — mais encore LA GRANDE QUESTION DE L'HUMANITÉ.

» D'abord, l'apôtre me prouva que l'homme qui

défend sa patrie ou qui attaque la patrie des autres n'est qu'un soldat, pieux dans la première hypothèse, — injuste dans la seconde ; — mais que l'homme qui, SE FAISANT COSMOPOLITE, adopte la seconde pour patrie, et va offrir son épée et son sang à tout peuple qui lutte contre la tyrannie, est plus qu'un soldat : c'est UN HÉROS.

» Il se fit alors dans mon esprit des lueurs étranges, à la clarté desquelles je vis, dans un navire, non plus le véhicule chargé d'échanger les produits d'un pays contre ceux d'un autre, mais le messager ailé portant la parole du Seigneur et l'épée de l'archange. J'étais parti avide d'émotions, curieux de choses nouvelles, et me demandant si cette vocation irrésistible que j'avais cru tout simplement d'abord être celle d'un capitaine au long cours n'avait pas pour moi des horizons inaperçus.

» Ces horizons, je les entrevoyais à travers le vague et lointain brouillard de l'avenir. »

(Extrait des *Mémoires de Garibaldi*, publiés par Alexandre Dumas.)

Nous savons aujourd'hui comment le jeune *capitaine au long cours* devait parcourir les horizons encore inaperçus alors ; et les saint-simoniens, ses initiateurs au culte de la patrie universelle, le retrouvent, après trente-trois ans, toujours prompt à se porter à travers les brouillards de l'avenir, à la défense des membres souffrants de la famille humaine.

Barrault allait braver, lui, en 1833, les colères certaines du fanatisme musulman. Le moment approchait où Enfantin devait à son tour marcher vers l'Orient, mais il avait à traverser encore quelques jours de solitude et de recueillement dans sa prison. Depuis le 5 mai, il ne voyait plus Michel Chevalier; après le 19, il ne voulut plus voir personne. Le 6 juin, jour anniversaire de la prise d'habits, Michel Chevalier sortit de Sainte-Pélagie, pour entrer dans une maison de santé. Enfantin apprit alors que les derniers hôtes de Ménilmontant, incertains de leur prochaine destinée et comme embarrassés, semblaient attendre encore un mot, un signe, de celui qui avait été le régulateur suprême de leur vie antérieure. Holstein lui avait écrit à ce sujet, sa réponse ne se fit pas attendre.

« Ta lettre me montre, dit-il à son vieil ami, que les choses en sont venues entre vous à un point où une solution est pressante, et ta lettre est du 15 juin, six mois encore de prison! je trouve tout simple qu'il y ait à Ménilmontant la contre-partie de ce qui s'est passé ici et que cela finisse de même, mais quelle est la solution? C'est ce que j'ignore complétement, cela ne peut venir que de vous. J'étais tellement sûr que Michel devait avoir affaire dehors et qu'il y trouverait facile appui, que je n'ai pas hésité à l'y pousser presque par tous les moyens possibles; mais entre vous que doit-il advenir? C'est ce que j'ignore, je ne sais pas si l'attente du PÈRE et celle de la MÈRE peuvent faire faire un acte extérieurement le *même;* dans tous les cas, je ne verrais pas d'inconvénient à ce que tu dises cette dernière pensée à Ollivier, comme venant de moi, il me semble même qu'il n'y aurait pas d'inconvénient à lui montrer cette lettre, car enfin il faut bien que vous vous arrêtiez sur une mission qui vous soit personnelle. Je te dis cela quoique moi-même je sois complétement ignorant de ce que je ferai en sortant d'ici, et que je ne sache en aucune façon ce que je ferai et où j'irai, si je ferai avec des hommes ou avec des femmes, ou avec des enfants, ou tout seul, et je te dis *tout seul* à toi-même, ami, à toi, vieux, quoique peut-être tu ne doives pas plus comprendre ce mot, à *toi* adressé, que ma conduite avec mon Père, parce que je ne suis pas plus un *ami* du vieux monde qu'un *fils* du vieux monde, de même que je ne suis pas un *époux* du vieux monde; pour moi, dans tous ces sentiments, il y a la part *sociale* et la part *individuelle*, le devoir envers *tous* à écouter pour juger si le devoir envers *un* est dans des bornes saintes et légitimes, et je n'aime pas trop, à cause de cela, me bercer de ce que *j'espère,* afin d'être prêt à tout faire de même. — P. ENFANTIN. »

Un acte d'iniative fut alors conçu par quelques disciples, pour être réalisé un peu plus tard par des femmes. Petit en donna avis à Enfantin qui lui répondit aussitôt :

« Je suis bien aise de ce que tu me dis de Morville, il est homme à faire cette affaire (la publication d'un journal). C'est juste sa case en ce moment. Guépin avait écrit dans le temps, à plusieurs reprises, à Michel, pour l'engager à faire faire cette gazette des apôtres ou plutôt ces *actes,* il donnera un coup d'épaule pour les souscriptions, mais il faut, pour la province, que la première feuille serve de spécimen.

» Il me semble en effet qu'il y là maintenant la base d'une publication intéressante, croissante, importante, qui mérite l'attention de tous, et qui deviendra même une source de *revenu;* c'est la première œuvre écrite de nous qui puisse promettre un résultat *argent*, et qui le *doive.*

» Je serais bien aise que tu communiquasses ces réflexions à Fournel, qui, ce me semble, devrait tenir à conserver au moins la moitié d'un œil dans cette affaire.

» Les apôtres qui courent apprendront, j'en suis sûr, avec grand plaisir, la fondation de ce *journal*, car c'est un journal en germe. »

Informé par Petit que cette fondation était lente à se faire, Enfantin reprit la plume pour lui dire :

« Le retard que tu m'annonces dans l'impression, et une lettre que m'écrit Cécile sur la peine qu'elle éprouve de ne pas pouvoir faire ce journal des Actes des Apôtres, me font croire qu'il manque encore un *fait vivant* dans tout cela, je veux dire une *personne* qui comprenne que c'est une *belle* œuvre, et par conséquent une œuvre *facile ;* car je ne conçois pas comment on ne ferait pas cela facilement, puisque Suzanne fait bien son journal. Or, ce ne serait pas plus difficile. Et je suis même certain que si un seul mot de ce projet était tombé dans l'oreille de Suzanne, elle aurait donné quelque idée.

» Ce journal serait aussi le point de départ d'une publication successive de quelques-unes des pièces les plus intéressantes de nos archives [1] ;

1. La constitution des archives avait été commencée à Ménilmontant. Elle fut vivement poursuivie, à Sainte-Pélagie, par Enfantin, qui copia lui-même la plus grande partie des pièces

soit dit sans mépriser le *Siècle* et l'*Artiste.* »

« Je crois bien, ajoutait Enfantin, que si j'étais homme du *vieux monde*, je rirais beaucoup des lettres que C., P., M., etc., m'écrivent, mais je crois que si j'étais femme, et surtout si j'étais la FEMME, ces lettres me feraient furieusement réfléchir. En d'autres termes, homme je pourrais bien les lapider de mes sarcasmes, pour le *caractère* nouveau de leur *Verbe* de femme à un homme ; mais femme, il me semble que je méditerais bien profondément, si même je n'agissais pas avec enthousiasme.

» Je douterais d'abord que des femmes *osassent* parler ainsi, j'en douterais peut-être même beaucoup, car c'est bien extraordinaire; mais si j'en étais *sûre*, bien *sûre*, il me semble que je deviendrais *folle*, ou je serais convertie.

» Je t'ai dit, il y a quelques jours déjà, que j'entrais dans cette seconde *moitié* de ma vie de prison, avec la pensée que j'allais percer peu à peu ma coque de silence, le *papillon* veut essayer ses ailes, avant de voler aux noces divines. Jusqu'à ce jour

originales qui furent déposées chez Fournel, où elles se trouvent encore. Quant aux copies et aux originaux demeurés en la possession d'Enfantin, ils ont été donnés, selon ses dernières volontés, à la bibliothèque de l'Arsenal.

l'orage a été dans le ciel, et m'a forcé à me resserrer encore dans ma coque, mais le ciel s'ouvre aujourd'hui, la terre est arrosée, les fils de mon cocon se détendent, il faut bien que j'en casse quelques-uns, peut-être ne verras-tu pas encore ma tête aujourd'hui, tu auras toujours un bout de mes antennes. Remarque bien qu'en te parlant tout à l'heure des lettres qui me sont adressées par des filles aimantes, je suis *très-loin* d'exprimer par là que je désire la publicité de *ces lettres;* non certes, mais du sentiment, de la vie qui les dicte.

» Et c'est parce que toutes ces vies me semblent emprisonnées sous la réserve chrétienne, que je parle moi qui ne peux pas leur donner la liberté nouvelle, et qui pourtant ai pu en affranchir quelques-unes des liens les plus durs du passé, et qui ME dois de les traiter au moins comme *affranchies*, sinon comme libres, de la *liberté sociale* que leur donnera avec moi leur MÈRE, moi qui le dois surtout à la MÈRE, aux FEMMES, à mes *fils* qui souffrent, au peuple et à DIEU, voilà pourquoi le premier acte de *culte* des femmes m'a été très-doux. — P. ENFANTIN. »

Parmi les femmes dont Enfantin avait éprouvé le dévouement, dans sa prison, nous ne devons pas oublier Émilie Dard, qui avait appartenu à la maison de son père et dont il avait reçu les soins les plus tendres dans sa première enfance. Cette femme avait couru à la grille de Sainte-Pélagie, dès qu'elle avait appris que le fils de ses anciens maîtres y était enfermé, et elle avait renouvelé souvent ses visites pour offrir ses bons offices à celui qu'elle appelait encore son *bon Prosper*. Aussi la date de la Saint-Prosper n'était-elle pas effacée dans sa mémoire, et fit-elle parvenir le billet suivant au prisonnier de Sainte-Pélagie la veille de sa fête :

« Mon bon Prosper,

» Recevez, je vous prie, ce petit bouquet, que je viens vous offrir avec plaisir, pour vous souhaiter votre fête. Il est bien peu de chose ; mais il vous est donné par l'amitié la plus sincère que j'ai toujours eue pour vous. Et croyez que si j'étais plus heureuse, et que si mes moyens pouvaient suffire à mon cœur, je saurais bien prévenir tous vos besoins. Ils sont bien plus grands, lorsque l'on est privé de sa liberté. Je vous apporte un peu de sucre, parce que je pense que c'est ce dont on a le plus besoin dans votre position, et que vous ne le partagerez pas, comme vous pourriez faire d'autre chose; parce que j'ai appris que vous ne savez rien garder pour vous. Ce n'est pas ce que j'aurais osé vous offrir autrefois. Tout cela me fait faire de bien tristes réflexions sur votre compte. Mais je finis ; je ne veux pas vous affliger, vous ne devez l'être que trop. Si vous voulez me rendre les lettres que j'ai remises à M. Petit, vous me ferez grand plaisir, parce que j'y tiens beaucoup. Le lendemain que je suis venue, j'ai été donner de vos nouvelles à M. votre père. Il était à la veille de partir avec sa nièce. Il avait l'air bien contrarié d'être obligé de se déranger . à son âge les voyages fatiguent beaucoup. Il était bien triste. Il me tarde de savoir son retour. Puisque M. Chevalier est parvenu à quitter ce triste séjour, pourquoi n'emploieriez-vous pas les mêmes moyens? Vous n'êtes pas plus coupable que lui. Croyez-vous qu'il y a plus de mérite de souffrir et faire souffrir votre père et vos amis, que de reprendre votre ancienne manière de vivre, et de revenir avec un si bon père? A son âge, vous vous deviez tout à lui ; et...., adieu, mon Prosper. Je ne veux plus rien vous dire; mais soyez l'interprète de mes pensées ; elles sont bien tristes. Je ne vous dis plus rien ; je ne veux pas être fâchée avec vous tant que vous serez enfermé ; vous me faites trop de peine.

» Adieu, mon bon Prosper. Je vous embrasse mille fois, et suis pour la vie votre

» EMILIE F^me DARD. »

« Si vous me répondez deux mots, mettez la réception du sucre sur un morceau de papier séparé. Il faut bien adoucir le vinaigre, si vous le buvez. Je vais aller voir M. Petit. Je viens un jour plus tôt, pour être la première. — 23 juin 1833. »

Enfantin répondit immédiatement :

« Quand tu peignais sur mes épaules, il y a trente ans, les cheveux blonds de ton Prosper, Émilie, et que tu le préparais à recevoir, pour le jour de sa fête, les caresses de sa mère, il commençait, lui, par t'embrasser.

» Pas moyen, aujourd'hui.

» Mais je t'envoie, comme souvenir de ce jour de ma fête, une mèche de ces cheveux devenus noirs, et qui blanchiront à leur tour; et aussi, comme souvenir de ma mère, un sucrier, que tu reconnaîtras; car c'est le plus ancien de tous les débris de notre mobilier .

» Et par-dessus tout, à travers mes grilles, je t'embrasse. — P. Enfantin. »

Peu de jours après une autre femme, tout à fait étrangère à Enfantin, dans le vieux monde, lui écrivait une longue lettre qui finissait ainsi :

« D'ici à peu de temps, vous recevrez de moi une brochure de trois feuilles d'impression, intitulée : *Ma loi d'avenir*. Père, vous ne serez plus seul frappé d'anathème, car j'ai été plus loin que vous, et ma conscience me dit que j'ai bien fait.

» Après ma brochure, la mission d'Amérique, pour aller chercher la MÈRE, pensée sublime, révélée par une dame de Lyon.

» Je ne sais si je pourrai réussir ; car il faut au moins trois ou quatre femmes et beaucoup d'argent ; enfin j'essayerai.

» Votre fille toujours dévouée, mais dévouée à vous SEUL. — CLAIRE DÉMAR. »

Lambert répondit à Claire Démar.

« La couronne d'épines précède celle de la gloire. C'est votre destinée. Courage! courage! Il y a plus de plaisir, pour une âme comme la vôtre, à arriver au calme après la tempête.

» Vous êtes sur la voie, marchez donc!

» Jusqu'à présent, c'est visible, votre existence a été une lutte pour faire sortir votre personnalité d'une foule qui l'encombrait; l'égoïsme a dominé.— Calmez-le; la ruse a été votre arme. — Elle est à deux tranchants. Déposez-la, et revêtez-vous d'une sainte énergie.

» En vérité, au [nom de Dieu, si vous désirez sauver des hommes et des femmes, vous serez récompensée.

» Si vous désirez vous sauver seule, vous serez

punie, jusqu'à ce qu'un désir plus large vous saisisse au cœur.

» Combattez et vous vaincrez.

» Mais, je vous le répète, sachez accepter avec courage pauvreté et travail. — Les temps sont proches.

» Vous avez compté sur moi pour vous rendre de la vigueur ; — je tâcherai de ne jamais faillir à cette fonction qui est sainte.

» La vie de saint Paul est devant nous. Il se faisait tout à tous.

» L'œuvre est sublime ; et c'est l'avoir accomplie en partie que de savoir l'envisager sans terreur.

» Faites-vous une famille ; vous en avez la puissance ; et dès ce jour-là, vous ne souffrirez plus.

» Je suis un être fini, et ma multiplication a ses limites. Cependant, j'espère pouvoir vous voir bientôt[1] ! CHARLES LAMBERT. »

1. Claire Démar ne sut pas se revêtir d'une sainte énergie pour combattre et vaincre. Au lieu de s'élever à la hauteur apostolique où Lambert l'appelait, elle se laissa entraîner par le scepticisme dont son esprit s'était toujours nourri, jusques aux plus profonds abîmes du désespoir. Peu de jours après la lettre de Lambert, on lisait, dans *la Tribune des femmes*, un article sous ce titre : *Suicide de Claire Démar et de Perret Desessarts.* « L'âme douloureusement saisie par le lugubre drame qui vient de s'accomplir sous nos yeux, disait l'auteur de l'article, je ne

Enfantin, ainsi qu'il l'avait témoigné à Petit, perçait peu à peu sa coque de silence. Ses méditations touchaient à leur terme, et il allait manifester bientôt qu'il était prêt pour l'action. Dans une nouvelle lettre à Petit, il lui disait :

« Je voudrais que tu glissâsses dans ta première conversation avec Fournel, mais seulement comme une chose en l'air *et sans que j'y sois pour rien*, la question suivante :

» Si Barrault provoquait des ingénieurs des ponts ou des mines à venir visiter l'Égypte pour y

puis aujourd'hui que déplorer la perte de ces deux victimes de l'anarchie sociale et religieuse..... L'analogie qui existait entre leurs caractères les rendit amis. Des lettres fort intéressantes qu'ils ont écrites comme dernier adieu n'affirment que cette simple liaison. » Ces lettres étaient adressées à Lambert. « Moi, disait Desessarts, moi qui fus toujours l'homme de la lutte et de la solitude; moi qui ai toujours marché seul à l'écart, enveloppé comme d'un voile contre le regard de tous; moi, protestation vivante contre l'ordre et l'union; qu'y aurait-il d'étonnant que je me retire, peut-être à l'instant où les peuples vont s'unir d'un lien religieux, quand leurs mains vont se rapprocher pour former cette auguste chaîne? Moi qui n'y peux trouver place, qui ne saurais harmoniser mes pas aux leurs, mettre ma voix à l'unisson de leur voix, je me retire! » — « Lambert, disait Claire Démar, il est quelque chose de plus fort que les volontés individuelles; nous ne pouvons mentir ou faire défaut à cette volonté plus forte... Les dernières promesses que je vous ai faites, il était dans ma volonté de les tenir; qui donc a changé tout cela? Ce n'est ni une parole ni une volonté d'homme. Non..... pourtant je ne pars pas seule..... Avec qui? Ai-je besoin de vous le dire? Mais si sa voix ne m'a pas entraînée, si ce méditer quelque œuvre à faire plus tard, l'année prochaine, par exemple, en connaît-il, lui Fournel, qui partiraient? et lui-même ne serait-il pas tenté, soit qu'il fallût y aller en bourgeois ce qui serait probablement plus convenable, soit qu'il fallût y porter notre costume immédiatement?

» Je crois que Michel a les yeux sur un autre point et que son système de la Méditerranée lui paraît mesquin aujourd'hui; si cela est, tant mieux; mais il ne faut pas laisser tomber dans l'eau ce premier jet de notre politique industrielle [1], et, la

n'est pas lui qui est venu me convier à cette dernière fête, du moins je n'ai pas hâté son voyage : depuis longtemps il était prêt..... Nous nous sommes rencontrés à l'entrée d'une même route, et nous nous sommes tendu la main. Voilà tout! » — *Le National* fit sur cet événement des réflexions qui provoquèrent une réponse de Cécile Fournel, dans le *Livre des actes.* « M. Carrel, disait-elle, en annonçant qu'une saint-simonienne s'est donné la mort, parle de la fin tragique de Claire Démar avec une légèreté vraiment inexcusable. M. Carrel n'a pas seulement le tort d'être léger, il a encore le tort de se tromper. Claire Démar et son ami n'avaient pu être détachés par nous des idées républicaines; et si M. Carrel connaissait mieux notre foi, il n'en aurait pas douté un instant, car il saurait que pour nous le *suicide* est l'égal de l'*assassinat.* »

1. Alexis Petit, à l'occasion d'un projet du ministre des travaux publics, avait dit à Enfantin :

« *Le Temps* contenait hier un court article à peu près en ces termes :

« M. Thiers s'est fait honneur d'un projet plus grandiose que » praticable, et trouvé dans les travaux d'une secte que le mi» nistère persécute, et que le peuple lapide. » Ces derniers mots preuve, c'est que nous sommes sur la côte d'Orient et ne sommes pas encore en Amérique et en Chine, ni dans l'Inde. — P. ENFANTIN. »

Les conversations de Petit et de Fournel ne restèrent pas infructueuses. Fournel parla de ses vues sur l'Orient, des grandes choses à y tenter. Enfantin, informé par Petit, répondit à ce dernier :

« Je suis bien aise de ce que tu me dis des rêves de Fournel, mais il faut que ces rêves prennent bientôt corps.

» La route d'Alexandrie au Caire va bientôt s'exécuter. Le canal de Suez se fera certainement aussitôt que Méhémet songera un peu moins à ses armées ; et Ibrahim, peut-être, jettera les yeux sur l'ouest, comme il a eu, cette année, la main sur l'est. D'ailleurs, l'organisation militaire et financière des nouvelles provinces acquises l'occupera. Il y a donc à offrir à Méhémet cinq cents travailleurs, *au moins*, pour commencer, conduits par cinquante hommes, dont *moitié*, au moins, sortiraient de l'École polytechnique. C'est une œuvre qui ne saurait encore *me* concerner activement, quoiqu'elle doive être faite par des saint-simoniens,

faisaient allusion à des scènes brutales qui s'étaient passées dans deux villes du Midi où les saint-simoniens avaient été assaillis par quelques fanatiques.

sur l'*invocation* du PÈRE en prison et de la MÈRE attendue. Les cinq cents hommes seraient on ne peut plus faciles à lever, s'il y a œuvre à faire. Hoart, Bruneau, Toussaint, Rogé sont en position, et si l'on en demandait mille, que cela n'arrête pas; *j'en réponds.* — Tous ces travailleurs seraient habillés, costumés, enrégimentés; et rien de facile à trouver comme l'argent, quand on aura la commission signée de Méhémet. Mais, pour cela, il faut quelques habits *bourgeois* à Alexandrie. Il faut que deux ou trois de nos ingénieurs capables fassent cette course; que Fournel lise l'enseignement que je t'envoie aujourd'hui, et qu'il réfléchisse. La place d'Humann est là.

» P. ENFANTIN. »

Voilà la vraie origine de la grande œuvre qui s'accomplit, à cette heure, entre la Méditerranée et la mer Rouge!

Mais cette grande œuvre, Enfantin le reconnaissait, ne pouvait pas le concerner *activement*, tant qu'il n'était pas libre; il tenait toutefois à ce qu'elle fût entreprise par des saint-simoniens, sous l'invocation du PÈRE en prison et de la MÈRE attendue, c'est-à-dire à ce qu'elle s'accomplît comme manifestation incontestable et gigantesque de la puissance de la doctrine.

Quand il exprimait ainsi sa pensée, Enfantin était à la veille de pouvoir prêter un concours *actif* à la réalisation des rêves saint-simoniens sur l'Orient. Le 23 juillet, Cécile Fournel lui écrivit : « Père, Dieu ne veut pas que vous respiriez plus longtemps l'air étouffé de la prison; il a mis au cœur d'un homme d'en faire tomber les portes devant vous, et cet homme est ROI ! »

Le lendemain, madame Fournel, écrivant de nouveau à Enfantin, lui dit à la fin de sa lettre :

« Vous savez maintenant que c'est au colonel Dubignon que le roi a parlé de *vous*, et dans quels termes. Je n'ajoute donc rien de plus à ce sujet. J'attendrai, non sans impatience, mais *respectueusement*, ce que vous voudrez bien dire à votre fille. »

Michel Chevalier, que l'on disait compris dans l'amnistie annoncée, adressait le même jour ce billet à mademoiselle Aglaé Saint-Hilaire :

« Madame, M. le colonel Dubignon qui me quitte à l'instant, m'apprend que le roi lui a dit ce matin qu'il avait signé une ordonnance d'amnistie, ou plutôt de remise de peine, et que le « *Père Enfantin* » (c'est ainsi qu'a dit le roi) y figure. »

Mademoiselle Saint-Hilaire était la femme le plus anciennement dévouée à la famille et à la personne d'Enfantin. Tous ceux que la voix du sang avait rendus principalement chers au chef du saint-simonisme étaient des proches pour elle. Mais cette affection, filiale et fraternelle à la fois, s'alliait à une grande indépendance d'esprit et de caractère. Nul n'exprimait plus nettement sa pensée que cette dame sur les actes du Père Enfantin et sur les obstacles et les éventualités qu'elle croyait apercevoir dans la voie que suivait la doctrine. Il lui arriva de signaler, dans sa correspondance avec Michel Chevalier, les espérances qui n'avaient pas été remplies, et qui lui semblaient changées en mécomptes et en déceptions. L'ajournement des prophéties, indéfiniment prolongé, lui apparaissait comme un encouragement regrettable pour le scepticisme. Michel Chevalier s'en émut, et lui envoya, de sa prison, cette belle page :

« Croyez-vous que les prophéties des prophètes juifs fussent littérales, madame? Non certes : il a toujours fallu l'interprétation. Seulement il a fallu que cette interprétation, au lieu d'être tirée par les cheveux, fût précise et fût elle-même un sujet de moralisation pour tous. Nos prévisions pour être réputées vraies doivent satisfaire aux mêmes conditions; mais les mêmes conditions suffisent.

» Je vous accorde que nos affirmations ont été

telles que le résultat a, comme vous le dites, *détruit ou ébranlé la foi des adeptes*. Cela tient, comme vous le dites encore, à ce que nous sommes incomplets, comme l'est l'homme *seul*, et sous d'autres rapports encore ; mais cela tient un peu aussi, notablement même, à ce que nous vivons au milieu d'hommes et de femmes de peu de foi. J'ai dit il y a un an passé : *Dans quatre ans nous serons aux Tuileries*. Si par là on doit entendre qu'en janvier 1836 nous aurons détrôné Louis-Philippe, qu'il y aura une *quasi-république*, ayant pour président *le Père*, pour ministres tels et tels, on se trompera, on sera désappointé, c'est clair ; mais si le vrai sens de ces paroles est que, au 1er janvier 1836, ceux qui gouverneront la France seront des hommes en qui la vie saint-simonienne palpitera, sous une forme ou sous une autre, à qui cette vie aura été transmise par quelqu'un ou quelques-uns de nous, parmi lesquels figureront même quelques-uns de ceux qui ont entouré le Père ; *je maintiens que la prédiction est bonne*. Nous *serons aux Tuileries ;* Qu'est-ce que NOUS? Qu'est-ce que la vie? Est-ce que NOUS ne vivons pas dans NOTRE corps[1]? Le

1. Michel Chevalier avait raison de maintenir la prophétie. Elle se réalisa peu d'années après. Lui et d'autres saint-simoniens firent entrer aux Tuileries non-seulement leurs idées,

progrès de l'humanité n'est autre chose que l'extension de la vie de chacun dans la vie des autres, à travers le temps et l'espace. Un savant allemand, Krause, jouant sur l'analogie des deux mots *aimer* (Lieben) et *vivre* (Leben), avait récemment imaginé de dire *je te vis*, au lieu de *je t'aime*. Krause a fait autre chose qu'un misérable calembourg; il a dit ce qu'était la vie, il a dit le sens des mots *je*, *toi*, NOUS. Le Père l'a dit aussi dans son admirable lettre sur la vie éternelle. NOUS, ce sera Louis-Philippe demain, si demain nos sympathies pour le prolétaire et la femme sont en Louis-Philippe. — Rien n'est obscur comme une prophétie, pour celui dont la foi est peu étendue...

» Pour de l'exagération, il y en a eu dans presque toutes nos paroles; mais mettez-les en face de la vie éternelle, et beaucoup de cette exagération disparaîtra. — Ces temps-ci, par exemple, il a été dit beaucoup de choses sur la venue de la MÈRE, qui, prises littéralement, sont très-hasardées. Que Barrault la rencontre cette année 1833, je n'y compte point, moi; qu'il la rencontre d'ici à dix ans, à vingt ans, je ne sais; mais ce que je tiens pour vrai, pour positif, aussi positif que le coffre-

mais leurs personnes, leurs *corps*, devenus membres des grands corps de l'État.

fort des positifs du siècle, c'est que l'attitude prise par Barrault, s'il la conserve comme je l'espère, et s'il la fait prendre à d'autres, comme je l'espère également, sera un grand motif d'assurance en soi pour toutes les femmes en général, pour la FEMME en particulier. Je suis certain d'ailleurs que ce qu'il y a d'excessif se modérera, que ce qu'il y a d'incorrect se rectifiera ; et je me félicite, je félicite le Père et le peuple et les femmes de la résolution que Barrault a prise. — Barrault n'eût-il fait que déterminer par son exemple beaucoup d'hommes et de femmes à sortir de la vieille Europe et à aller se retremper dans l'Orient, n'eût-il été que le messager précurseur, même à son insu, d'une croisade *nouvelle,* ce serait beaucoup. — Je me suis abstenu tout à fait, par rapport à Barrault et aux Lyonnais, depuis le compagnonnage de la femme ; toutefois, au moment du départ, j'ai cru devoir faire, par rapport à Barrault, une démarche qui lui dît que je sens son œuvre, comment je la sens, et qui lui fît pressentir de ma part un acte parallèle au sien. — MICHEL CHEVALIER. »

Au 24 juillet 1833, Michel Chevalier et Enfantin, son maître, étaient à la veille de recouvrer l'entière liberté dont ils avaient besoin pour tenter des actes parallèles à celui de Barrault. Le 27, Petit, confirmant les espérances données par Mme Fournel et consignées dans le billet de Michel à Mlle Saint-Hilaire, écrivait à Enfantin : — « Père, Bazin m'apprend que le *Constitutionnel* et le *Courrier* d'aujourd'hui font mention d'une amnistie particulière, à vous, Père, et à Michel. » L'un de ces journaux ajoute : « Le droit de grâce est très-beau, mais faut-il que les saint-simoniens soient seuls amnistiés ? »

Toutes ces communications venaient fort à propos en aide au réveil d'Enfantin, à sa résolution de subordonner prochainement le dogme au culte, la théorie à la pratique, la conception morale à la réalisation industrielle, le doctorat au diaconat. Le 28 juillet, il disait dans sa réponse à Petit :

« Les lettres de Hoart et de Bruneau donnent en général peu de détails sur ce qui les entoure, sur l'influence qu'ils peuvent exercer. J'ai pourtant besoin d'avoir de vrais rapports sur ces points importants, ainsi que sur Toussaint, et aussi des nouvelles de Rousseau et Massol. Demande ces renseignements pour toi, et que les rapports soient bien faits. Le sentiment qui doit les faire faire est celui-ci :

» Combien d'hommes pourrais-je amener, pour une grande œuvre saint-simonienne ? et quels sont les officiers de ma troupe? Combien ces officiers pourront-ils eux-mêmes lever d'hommes d'armes?

« Voilà les questions qu'ils doivent se faire pour te répondre. — P. ENFANTIN. »

Depuis le 23, la remise de peine était signée et annoncée, et la porte de la prison restait fermée sur Enfantin. Le 30, rien n'indiquait encore à Sainte-Pélagie la levée prochaine de l'écrou, et le prisonnier y recevait, d'un membre de la famille de Paris, la lettre suivante :

« Père, un moment, à Ménilmontant, je sortis de ma léthargie. Vous deviez respirer l'air pur.... Tous et toutes, nous étions heureux, heureux jusqu'aux larmes; et, aujourd'hui encore, un large verrou se referme sur le Père. Il y a de quoi enrager; et c'est ce que je fais de bon cœur, pour mon compte. Samedi, impatienté, n'ayant pas dormi, il me prit envie d'aller chez votre digne fils Alexis.... Là, j'appris le froid et continuel *rien de nouveau*.... mon apathie me reprit. Je serrai la main au bon Petit, et me remis en route. Il me prit idée d'aller à Notre-Dame. On officiait; peu de peuple; c'était jour de paye. J'arrivai au pont d'Arcole. Là, un de ces éternels plaisants se ressentit de ce que j'éprouvais, et voici ma réponse à ses sales plaisanteries.... « Il y a trois ans, pour passer ce pont, on payait de sa vie.... vaincus, nos têtes roulaient au bas de ce pont. Aujourd'hui, vous révérez les morts, les vivants sont insultés par vous, et vous parlez de liberté ! »..... Il rougit et se tut.... Dimanche, nous étions sur les épines, et chacun de venir demander s'il y avait du nouveau ; il y avait de la vie, à Ménilmontant, mais une vie machinale ; l'âme est à Sainte-Pélagie. Ma pauvre Adèle souffrante, et nous attendant notre Père, je n'avais nulle envie de descendre à Paris. Mais, le lundi, j'y fus, et je pense que le récit de ma journée ne sera pas sans intérêt pour vous. Vous ignorez peut-être que la revue s'est passée tant bien que mal : beaucoup de désunion, gardes nationaux chassés des rangs, hommes du peuple terrassés, arrêtés, saint-simoniens insultés, Buret entouré, provoqué, les poings sur la figure, des baïonnettes sur la poitrine ; lui, calme et fort.... Quoique absent, j'en ai la preuve, et voici comment : Lundi, passant sur le boulevart Saint-Martin, un garde national courut après moi et me dit : Monsieur, un de vos frères, hier, fut insulté bien lâchement par quelques gardes nationaux, vous devriez en informer les journaux, je me joindrais à vous. — Père, voici ma réponse : « Monsieur, je suis sensible à l'intérêt que vous prenez aux saint-simoniens ; mais, si vous désapprouvez une telle conduite, plaignez-vous de ceux qui déshonorent l'institution de la garde nationale. Quant à nous, notre habitude est de tout souffrir sans nous plaindre. Je vous remercie de vos excuses, elles me prouvent votre bon cœur. » Il me serra la main ; ma réponse parut l'étonner et lui faire plaisir. De là, je fus voir la statue de Napoléon ! cela me rajeunit de dix-huit ans. J'avais l'œil humide ; on m'entourait, je m'éloignai. J'entrai aux Tuileries, je vis sortir le roi. Il me rit au nez, et chacun de rire..... Il avait ri d'un saint-simonien ! J'entendis à mes oreilles : « Il y a donc encore de ces brigands-là ? » Je fus voir le vaisseau et l'obélisque. Je revins au faubourg du Temple, et, là, j'eus la faveur d'être moqué par le duc d'Orléans. Et tout bas je pensais, d'après l'aveu de Dupin, à l'intimité..... Ils rient, mais ils nous craignent. Père, cette énigme est une anecdote à part ; je ne terminerai pas sans vous la raconter. Je reprends : Le cortége du présent..... passé, j'entrai, avec l'ordre public, au café. Nous allâmes dîner à Belleville. Enchantés, ces messieurs, d'être avec un saint-simonien ; «c'est un bon enfant tout de même. » Et moi de penser d'eux qu'à l'intimité ils sont bons, et que, en corps, ils sont brutes. Mais voici mardi, et cela se complique : arrestations sur arrestations. J'en connais qui, comme au temps des suspects, demandent asile à de bons cœurs. Tantôt, Père, je remontais Ménilmontant, ; je m'entends appeler, je lève la tête : un de mes camarades, ci-devant saint-simonien, retombé républicain...... sa femme à peine relevée de couches, lui obligé de se cacher. Je montai..... je l'engageai à quitter une fausse route ; et, sur trois, un seul assez instruit. J'eus le bonheur d'être compris : ils donneront leur démission aux droits de l'homme. Père, en voyant tant de gâchis, je pense à 1815 et 16.... Quand Dieu les prendra-t-il en pitié ! — Vous me pardonnerez, Père, cette lettre. Vous savez les tourments que j'éprouve depuis près de six semaines. Et, si je vous ennuie, au moins je vous aime bien, moi.... et toujours vous pouvez compter sur moi, advienne que pourra, je suis préparé.... J'ignore ce que vous ordonnerez, mais, moi complet, je m'appartiens et vous obéirai. C'est ma liberté, et celle-là ne tue pas. Tout à vous, Père, à Dieu, à tous et à la Mère. Gloire à Dieu ! vive notre Père ! J'oubliais : vos filles de Ménilmontant vous aiment bien. Leur visage est contracté depuis le rien de nouveau. La bonne mère Poncet se résigne en Dieu. Ma pauvre Adèle, sachant que vous deviez être libre, allait mieux, et depuis....

» Recevez, Père, l'assurance de mon sincère attachement. Votre respectueux fils,

» T. BAZIN. »

« Je reviens à M. Dupin.

» Je me suis trouvé, un jour, avec une de ses connaissances et qui se dit très-liée avec lui. Le hasard fit que la personne chez qui je travaille discutait avec moi, lorsque ce monsieur arriva. Il m'entreprit; et, quoique ne partageant pas les idées du progrès (c'est un avocat, il se nomme Lac.....), il n'était pas hostile. J'en eus la preuve. Il me dit : « Monsieur Bazin, plusieurs fois j'eus occasion de m'entretenir avec Dupin sur le saint-simonisme; et, de son aveu, la *cour* craint les principes *saint-simoniens.* — Pourquoi, dis-je, craint-elle? — Pourquoi? me dit-il. C'est que c'est l'avenir mis au jour. — Je l'attendais là... Alors je lui demandai si l'avenir était fou, et ceux qui le prévoyaient et s'en emparaient. Il me répondit : « Je vis du présent. » — Oui, dis-je; c'est votre état; le présent, c'est la querelle; et les avocats vivent de discorde, comme moi, de porcelaine... Le présent vous convient, vous êtes orfévre, M. Josse, et moi saint-simonien. — Père, faites votre profit de l'aveu du scientifique Dupin. Je n'y eusse peut-être pas cru, si la personne chez qui je travaille ne m'avait pas confirmé ce que M. Lac..... me racontait.

» Tout à vous, Père. — T. B. »

Le 31 juillet, même silence sur l'amnistie.

Le 1er août, enfin, les portes de Sainte-Pélagie vont s'ouvrir pour Enfantin.

XXVII

(1833)

(Août-Octobre.)

« Jeudi, 1er août, à 6 heures du soir, dit le *Livre des actes*[1] l'ordre de liberté arrive à la prison; ALEXIS, le bon et fidèle ALEXIS PETIT, qui veillait sur le PÈRE depuis sept mois et demi, était absent; quelques heures après, le PÈRE le retrouva près de moi. Après l'avoir attendu jusqu'à 9 heures, le PÈRE quitte la prison et se rend chez *Aglaé Saint-Hilaire*, à laquelle il a confié son père; *Aglaé*, pendant cette prison, si cruelle au cœur du vieil-

1. Le *Livre des actes*, dont Enfantin avait encouragé la publication du fond de sa prison, était alors rédigé par des femmes, sous la direction de CÉCILE FOURNEL. D'autres saint-simoniennes s'étaient précédemment associées à SUZANNE pour publier la *Tribune des femmes*, qui s'appela tout d'abord l'*Apostolat*.

lard, lui a donné tous les soins, toute l'affection d'une fille ; c'était bien là qu'il devait aller d'abord !... Il monte, il presse dans ses bras, sur son cœur, l'auteur de sa noble vie ; tous les yeux se mouillent de larmes en voyant l'inspiré de DIEU, l'homme qu'embrase un immense amour, caresser son vieux père avec cette simplicité, cet abandon si vrais, si touchants !... Heureux et troublés, plusieurs de ses fils et de ses filles se pressent autour de lui, bénissant Dieu, oubliant toutes les douleurs de cette longue séparation... Hélas ! je ne partageais pas encore ce sentiment de bonheur, mais le PÈRE toujours bon ne me voyant pas là, devinant le chagrin que j'allais ressentir, et sachant toute la joie qu'il pouvait me donner, se détourna de sa route et vint surprendre son heureuse fille, tandis qu'*Ollivier* le devançait à Ménilmontant et allait porter la bonne nouvelle à *Holstein*, le tendre et fidèle ami du PÈRE.

» Aujourd'hui, retiré dans ce lieu si plein de souvenirs, le PÈRE se dérobe à l'empressement de tous... Respectons sa solitude. »

Le premier soin d'Enfantin rendu à la liberté fut de formuler pour Barrault la dernière inspiration qu'il avait reçue sous les verrous, en lui annonçant la nouvelle œuvre que le PÈRE SUPRÊME, sans retirer le bénéfice de l'émancipation à ses enfants, allait entreprendre avec le concours et à la tête de quelques-uns d'entre eux. Le 8 août, jour anniversaire de la naissance de son fils Arthur, il écrivait ces pages à l'adresse de l'apôtre qui venait d'initier Garibaldi à la politique humanitaire :

» Tu as dû recevoir par Smyrne ce que je t'adressai le jour anniversaire de la mort de TALABOT, ton FRÈRE.

» Ma pensée était transcrite par la main de LAMBERT ; je t'en envoie encore une copie de la main d'HOLSTEIN.

» J'ai su depuis que cette pensée avait été inspirée par notre DIEU à ton PÈRE, au temps où tu devais en avoir besoin.

» Aujourd'hui je suis libre et je t'écris encore ; c'est un jour de *naissance* et je ne suis pas *anéanti* par l'*attente*.

» Elle m'a *vieilli*, *endurci* peut-être, mais je crois que j'en avais besoin pour être l'HOMME.

» Et c'est à l'HOMME seul que la FEMME répondra.

» Je ne sais quand l'ORIENT me verra, mais ce sera bientôt.

» Tu as annoncé ma face d'appel à la FEMME ; c'est bien.

» Nous avons senti l'un et l'autre qu'il en devait être ainsi.

» Aujourd'hui je sens que c'est ma face POLITIQUE que je dois d'abord montrer à l'Orient.

» J'ai foi que tu le sens ainsi.

» Pensant donc que tu communies encore aussi étroitement avec MOI, je t'envoie ceux de nos livres que je désire voir répandre d'abord sur cette côte de la Méditerranée qui regarde la vieille *Europe.*

» Et je vais te communiquer mon désir, que tu accompliras SI TU LE SENS ; dans tous les cas, tu n'en useras qu'avec la discrétion que tu dois sentir nécessaire.

» C'est à nous de faire,

» Entre l'antique Égypte et la vieille Judée,

» Une des deux nouvelles routes d'Europe

» Vers l'Inde et la Chine,

» Plus tard nous percerons aussi l'autre

» A Panama.

» Nous poserons donc un pied sur le Nil,

» L'autre sur Jérusalem,

» Notre main droite s'étendra vers la Mecque.

» Notre bras gauche couvrira Rome

» Et s'appuiera encore sur Paris.

» Suez
» Est le centre de notre vie de travail,
» Là nous ferons l'acte
» Que le monde attend
» Pour confesser que nous sommes
» Mâles.

» J'ai besoin de trouver à mon arrivée les projets déjà conçus.

» Decharmes pourrait visiter les *lieux* avec Cayol, tandis que tu t'occuperais des personnes à Alexandrie.

» Et tu ferais bien de diriger sur Suez, Prax comme ingénieur, Machereau et Alix comme dessinateurs, pour qu'ils se joignent à Cayol et Decharmes, SI TU LE SENS AINSI.

» J'aurai avec moi Fournel et Lambert, Hoart et Bruneau et d'autres ingénieurs encore, outre Holstein, Ollivier et Petit, et peut-être aussi quelques travailleurs.

» Et je veux en janvier prochain,
» Lorsque sera écoulée notre grande année,
» Faire d'Orient un appel à la France;
» Elle y répondra
» Et Dieu nous enverra, je l'espère,
» La Mère avec elle.
» Alors tu partiras pour le Nouveau-Monde,

» Touchant à son midi et à son nord,
» Et saluant en passant avec ton URBAIN
» L'île où se sont affranchis les noirs,
» Puis revenant m'attendre ou nous attendre
» A Panama.

» J'ai laissé passer trois jours sur ma pensée avant de te l'envoyer; voici ce que la réflexion me suggère et ce que je sens devoir ajouter.

» Peut-être arriverai-je SEUL avec Fournel et peut-être INCOGNITO.

» Mes enfants les plus chers que je t'avais désignés comme devant me suivre resteraient en France, pour y préparer l'appel que j'y ferai plus tard.

» Nous leur enverrions alors les hommes d'Orient qui viendraient prêcher la sainte croisade et crier à l'Occident : DIEU LE VEUT.

» Fais donc en sorte qu'on ne voie dans ce que tu feras que les préparatifs d'un projet à TOI.

» Tous les enfants que j'ai en Orient, et toi-même peut-être, avez besoin de revenir à comprendre et à sentir que l'industrie est le véritable appel de la FEMME et surtout des femmes (car vous ne parlez que de la MÈRE) et c'est la base du culte que Dieu réclame.

» Beaucoup l'ont tout à fait oublié, et se sont

absorbés dans la FEMME, dans la MÈRE, aussi ne songent-ils pas même à l'ÉPOUSE.

» Toi-même, ne dis-tu pas, dans la dernière lettre que tu m'as envoyée, que tu ne peux aimer qu'ELLE (la mère) ?

» Depuis deux années, je me suis donné mon nom de PÈRE, par l'appel à la MÈRE, mais je ne suis pas *seulement* un PÈRE ; c'est la famille et non l'État qui m'a nommé ainsi ; j'ai *pris* même le premier nom ; l'autre, il faut que je le mérite aux yeux de TOUS et qu'ON me le *donne* ; je dis ON et non pas seulement ELLE.

» Modifie en ce sens la foi de ceux qui t'entourent.

» Si la foi dans la venue de la MÈRE ne *devait* pas se présenter dans quelques natures *abstraites* sous des formes presque *absolues*, je serais vraiment effrayé pour plusieurs de ceux que tu as nommés *Compagnons de la femme*, à Lyon, du développement anormal, exclusif, prodigieux que cette face de la vie apostolique a pris dans leur existence. Il est temps de les rappeler à la vie NORMALE, cela est même *pressant* pour éviter des découragements et un désespoir irréligieux.

» L'*industrie*, le *culte*, la *politique* doivent reprendre leur place, et même prédominer dès à présent, car deux années entières de notre vie consacrées à un seul aspect de notre DIEU, c'est trop pour des apôtres.

» Le GLOBE, voilà notre FIANCÉE, notre mère pour le moment; le PEUPLE est notre FAMILLE; ENGENDRONS par le TRAVAIL; embrassons, caressons la TERRE.

» Alors la FEMME, les FEMMES, la MÈRE et les ÉPOUSES viendront nous dire comment il faut la parer pour lui plaire, car elles sauront que nous sommes capables de la nourrir de nos sueurs, elles nous apprendront le *culte* quand nous aurons montré que nous connaissons la *culture*.

» Attendons le *lait* de la FEMME, mais préparons, nous, HOMMES, le pain. — P. ENFANTIN. »

Ce programme admirable de la nouvelle œuvre du PÈRE fut immédiatement communiqué à Bruneau et à Hoart. La lettre d'envoi est essentielle à reproduire; Enfantin s'y exprimait ainsi :

« A l'œuvre, mon vieux camarade! je suis libre.

» Tu as mis la main au prolétariat et tu parles pour MOI de solitude et de retraite. Je n'ai pas encore fait tout ce que je dois; je n'ai même rien *fait*, j'ai *dit* et *écrit*.

» Or l'appel se fait par l'*acte*, quand on n'appelle pas le *théologien*, l'*homme* ou même la femme seulement; quand on veut frapper l'*industriel*, les *hommes* et surtout les FEMMES.

» Je suis las de ne vous entendre plus appeler que l'ÉPOUSE de votre PÈRE; il faut que MOI, j'appelle les épouses de mes enfants; car DIEU n'est pas seulement *le* Père et *la* Mère, je ne vois là que DEUX et j'y veux voir TOUS.

» La *multiplicité* est par nous oubliée, qu'elle vive!

» Qu'elle vive en NOUS! car DIEU l'aime comme l'UNITÉ.

» Lis ces lettres à Barrault. La dernière est pour *toi seul* et pour *Hoart*; la première ne sera que pour les grands cœurs.

» Tu donneras à tous le sentiment que ma mission *active* n'est pas finie; c'est une résolution que je veux voir en toi, et qui est nécessaire pour préparer le résultat futur de mon appel.

» Que tous attendent donc patiemment jusqu'à la fin de l'année, et qu'ils préparent de vigoureux travailleurs, et Roger de bonnes voix pour répondre au cri que je pousserai par delà les mers.

» Écris de suite à Hoart, donne-lui rendez-vous à Lyon, ou va le voir. Tu causeras avec Decaen, Corrèze, Genevois, dans le sens de ma lettre à Ribes que je t'envoie.

» Il me faut de l'argent. Cette fois je le demande, moi le PÈRE, positivement et personnellement, je le demande au nom de DIEU, il le faut, l'œuvre est là. Pour le moment, je ne voudrais déranger du travail qu'Hoart et toi, afin que vous visitiez tous ceux qui nous aiment dans l'esprit qui m'anime aujourd'hui. Ollivier et Holstein auront probablement semblable mission pendant mon absence. Le rendez-vous de tous sera, vers janvier, sur les côtes de France, depuis Castelnaudary jusqu'à Marseille, c'est ce pays-là surtout qu'il faut chauffer.

» J'espère pouvoir partir le 28, une année juste après notre condamnation. Je n'aurai pas besoin d'argent ici ; mais il faut m'en préparer pour Alexandrie, et le plus possible. Vous verrez Montpellier. Mais déjà Lyon et Grenoble devront s'exécuter. Il n'y a plus à reculer ; je veux *pratiquer*, et l'on dit assez que je suis fort en *théorie* pour avoir quelque *confiance*. Ce n'est plus de l'argent perdu, j'en réponds.

» Vous sentez d'ailleurs combien vous avez à dire pour déterminer, dans cette circonstance solennelle où le PÈRE quitte la France, à aider à son départ. Les conséquences de ma disposition sont si visibles pour la rapide propagation de notre foi ! Il y a tant de personnes que je gêne !

» Dis à Desloges que je compte sur lui pour m'amener des prolétaires quand je lui ferai signe.

» Qu'il garde le poste avec sa noble vigueur.

» Dis-lui encore qu'Adèle et sa mère vont bien, et que ses petits sont gentils.

» Toi aussi, par tes lettres à Petit et à Ollivier, je vois que tu as besoin de la leçon que je donne à Barrault ; tu t'es absorbé dans la venue de la MÈRE, au point même de croire qu'elle est, pour ainsi dire, suffisamment *appelée*. Mais quand bien même elle le serait, n'y a-t-il qu'une femme au monde ? Qui donc t'a dit même que moi qui suis condamné par l'Occident pour ma parole de *multiplicité*, je doive commencer la vie morale dont nous nous sommes sevrés tous, la vie d'amour, par l'unité ? Quant à moi, je l'ignore, et j'attends autant les femmes que la femme ; et, en attendant, je vais pourtant en Orient, parce que pour toute NOCE, quelle qu'elle soit, j'ai besoin de m'inspirer de ce *soleil* brûlant, de cette *terre* chaude, de cette *chair* ardente, et que d'ailleurs ce soleil, cette terre, cette chair, c'est le soleil, la terre et la chair de l'homme d'*action* par excellence aujourd'hui, et que je n'ai encore été qu'un *docteur*. Songe à

Méhémet, et vois tous les rois d'Occident. Tu as peur que nous ne trouvions ni capitaines ni soldats; si nous n'avons pas d'hommes, c'est que nous n'avons pas d'*œuvre*; si nous n'avons ni *argent*, ni *femmes*, ni *culte*, c'est que nous n'avons pas d'*amour*.

» Or j'ai *dit* la science et la morale nouvelles, j'ai *dit* aussi l'*œuvre*, mais je ne l'ai pas *touchée*, *montrée*, exécutée. Et la morale nouvelle ne sera *vivante* en nous que lorsque nous aurons montré que nous sommes aussi bien des hommes de *pratique* que des hommes de *science*.

» Je te le dis, la MÈRE nous saura gré d'avoir osé *entreprendre* sans elle ce qu'elle nous aidera sans doute à *accomplir*; mais elle ne viendrait pas vers des hommes qui ne montreraient pas cette audace, cette énergie, cette confiance dans l'amour que la femme portera toujours à l'homme qui, après avoir montré la *patience*, prouve qu'il n'a pas laissé endormir son *ardeur*.

» Enfin un mot doit te suffire : je répugne à la *solitude* et JE VEUX le TRAVAIL. Si *la* femme ou *les* femmes doivent venir à notre *secours*, c'est sur le champ d'*honneur* où nous serons *blessés*, mais non dans le champ de *repos* où nous serions étendus *épuisés*.

» Je le sens ainsi, et toi aussi maintenant, j'en suis sûr, mon *brave*.

» La MÈRE ni les FEMMES ne m'ont pas retiré de *prison*. *Activité*, *persévérance*, *argent*.

» Oublie un instant la MÈRE, j'intercéderai un jour pour toi ; songe aux *femmes*, à l'*industrie*, au *culte*, à DIEU, *créateur*, *producteur*, *générateur*, *feseur*.

» P. ENFANTIN. »

Sur la réponse de Bruneau, Enfantin lui adressa cette nouvelle lettre :

« C'est toujours le 28 que je dois partir, mon *ancien*; je serai donc à Lyon aussitôt que toi, mais je ne voudrais pas y être avant toi ; il faut même, si cela est plus facile à Hoart, qu'il y vienne quelques jours à l'avance, car j'y veux recevoir l'*offrande* des fidèles, et c'est à vous à me la remettre.

» Je vais à l'*œuvre*, et l'œuvre sainte n'est plus le *sacrifice ;* pourtant il y a lieu à l'*offrande* propitiatoire. Les *diacres* doivent me la présenter, sans qu'il y ait pour cela cérémonie *publique*, ce sera dans la *sacristie*. Mais j'ai surtout besoin de vous donner de *vive voix* mes instructions, à vous qui ne vivez pas d'un amour mystique ; il faut que je vous touche de ma main, pour que vous puissiez dire à tous qu'elle est forte et prête au *travail.*

» Entends-toi donc avec Hoart pour cela, et préviens en même temps Decaen, afin qu'il prenne d'avance quelques mesures. Si Drut est à Lyon, je compte aussi sur lui ; s'il n'y est pas, que Decaen lui écrive. Tout cela très-promptement.

» Tu ne comptais pas assez sur la nature de la propagation qui se fera pendant mon absence et à *cause* d'elle par les gens qui nous caressent le moins aujourd'hui ; les uns vont commencer à nous rendre un peu justice ; d'autres, même en plaisantant encore sur les projets qu'ils nous supposent, nous rendront le service de nous faire mieux connaître. Quant à ceux qui nous aiment, je crois aussi qu'ils trouveront plus facilement à se faire écouter en annonçant une œuvre *utile* et grande, qu'en gagnant leurs journées à la sueur de leur front.

» Dis surtout aux femmes qu'il viendra un moment où, comme les moines qui, le crucifix à la main, poussaient les peuples vers la Terre Sainte, elles entraîneront vers le Père, par le seul exemple de leur courageuse et aventureuse entreprise, des troupes d'hommes qu'elles conduiront. Les moines *inspiraient* les *guerriers* et ne les commandaient pas; elles feront de même pour les travailleurs.

» Alors commencera vraiment leur vie *religieuse* et *politique*; alors la MÈRE pourra paraître, car il ne lui suffit pas d'être appelée par des *hommes* dévoués, il faut qu'elle sente que le dévouement nouveau est né au cœur de plusieurs femmes.

» Ton absence sera bonne à Desloges, il a besoin d'être quelque temps seul. Voici le moment où la religion doit le compléter. Il aime sa mère, sa femme et ses enfants pour eux, mais ce sont les seuls êtres auxquels il accorde cet amour. Il aime tout le reste de l'humanité pour sa *propre* gloire, et voilà pourquoi il est impuissant à se faire suivre, car on ne suit que celui qu'on aime *pour lui*. Mais il veut si ardemment la part, et la belle part, dans l'œuvre universelle, qu'il sentira que, dans la nouvelle armée, les capitaines seront non-seulement *élus* par le chef, mais demandés par les soldats.

» Adieu, mon vieux, nous nous verrons et toucherons bientôt. — P. ENFANTIN. »

Cécile Fournel écrivit alors dans le *Livre des Actes* :

« Encore quelques jours, et ce grand acte, auquel viendront se mêler tant de douleurs, recevra un commencement d'accomplissement; encore quelques jours, et le PÈRE, à peine rendu à notre amour, va s'éloigner ; il va porter au delà des mers sa sainte et infatigable persévérance.... Cinq de ses fils seulement l'accompagnent, les autres restent en France pour y préparer, à grands traits, l'œuvre de travail, la campagne pacifique.... J'ai dit cinq de ses fils, et je rassemble mes forces pour nommer le premier.... L'ami, l'époux auquel mon sort est uni.... il part, et, je le sens, mon courage ne faillira pas ; *femme,* je saurai m'élever à la hauteur d'un sacrifice nécessaire aujourd'hui ; *femme, pour les femmes* je supporterai religieusement les douleurs de l'absence et du veuvage, car ce bonheur que j'avais, il faut l'assurer à mon sexe entier, il faut que toutes, un jour, soient élues, car toutes ont été appelées.... DIEU bénira mon zèle et me donnera la force de continuer des récits dont l'intérêt et l'importance vont grandir chaque jour ; DIEU bénira mon zèle, car il ne refuse jamais son aide à qui *veut fortement,* à qui ne recule pas devant la douleur quand elle est utile, quand elle est grande par le but qui la fait accepter.... Oui, dans l'action qui va s'accomplir, le bras droit du PÈRE est FOURNEL, qui, par la multiplicité de ses travaux, a su prendre, en peu d'années, une longue expérience ; FOURNEL avec ses talents, sa fermeté, et cette imperturbable loyauté devenue comme proverbiale parmi nous. A côté de lui marchera LAMBERT, l'homme de la douceur, de la tendresse; celui qui sait toucher sans blesser, moraliser en se faisant aimer; qui s'empare du cœur le plus malheureux et le guérit. FOURNEL, auprès du PÈRE, représente l'action générale dans sa constance et son énergie; LAMBERT, l'action individuelle avec ses nuances et sa délicatesse....; viennent ensuite HOLSTEIN l'ami du PÈRE, ALEXIS son ange gardien, qui, durant sept mois et demi, veilla près de la prison; puis enfin OLLIVIER, l'excellent OLLIVIER, qui va réaliser ce désir constant qu'il nourrissait, d'aller chercher au loin des *frères* pour lui, des *fils* pour le PÈRE, la MÈRE pour tous.

» Tels sont ceux qui suivent le PÈRE dans cette expédition lointaine. Ils vont *préparer* l'instant où entre leurs mains, sous l'inspiration de celui qui les initia à la vie nouvelle, l'industrie prendra le caractère religieux et social qu'elle est appelée à revêtir dans l'avenir; l'instant où la théorie s'effacera *vraiment* devant la pratique, devant l'œuvre de réalisation après laquelle nous soupirons depuis si longtemps.... Hommes chéris de DIEU, emportez mes vœux, ma tendresse de *fille*, d'*épouse* et de *sœur*.

» L'isthme de Suez vous attend. »

Hoart, en apprenant à Grenoble, à son chantier de Très-Cloîtres, la délivrance et la grande résolution d'Enfantin, s'était empressé de lui témoigner la joie et l'espoir dont son âme avait été soudainement remplie à cette nouvelle :

« PÈRE, lui avait-il dit, par vous, les campagnes industrielles vont s'ouvrir, vous me rendez la vie ; par vous, les *travailleurs* ne seront plus bercés par des espérances *mystiques*. Gloire à vous ! Dieu, par votre *inspiration* et l'acte de votre voyage, manifeste aux yeux de tous que vous n'êtes pas seulement le PÈRE *spirituel*, mais bien encore le PÈRE *matériel* de tous. Une carrière immense est devant nous ; elle est brillante, glorieuse ; les hommes et l'argent, les femmes et les fêtes ne nous manqueront pas. Je ne me dissimule pas de grands obstacles, mais ma foi en Dieu et mon amour pour vous me les feront surmonter. Je vais répondre à Bruneau, pour que nous puissions nous entendre sur le jour de notre arrivée à Lyon ; elle aura lieu le 27 ou le 28 août, au plus tard. Comme la mission dont vous nous chargez exige des communications intimes avec les personnes qui nous aiment, je regarde le costume comme un obstacle à cette intimité. En conséquence, je vais proposer à Bruneau de le déposer *religieusement* jusqu'au moment où l'*acte* de *préparation* sera terminé. Cette disposition me paraît la déduction nécessaire de notre mission.

» Père, nous déposerons notre costume *religieusement*, au sein de la famille de Lyon, entre les mains des *travailleurs*. C'est eux qui en seront les gardiens jusqu'au jour de l'*action*. J'instituerai gardien de mon costume le travailleur qui m'a donné l'hospitalité. D'ailleurs, au moment où vous quittez l'Occident, où vous le laissez à son *mysticisme*, je pense que toute manifestation *matérielle*, tout acte qui manifeste l'*éclat* est *irréligieux*. L'éclat doit venir de l'ORIENT ; c'est à vous qu'est réservée la gloire de le faire briller ; quand je dis vous, je n'oublie pas la MÈRE. Si le 27 août je ne reçois pas une lettre de vous, poste restante, à Lyon, je regarderai *ma* volonté comme en *harmonie* avec la VÔTRE.

» J'ai hier lu à Corrèze et à Duguet votre message, moins la lettre qui nous était personnelle. Corrèze approuve la phase que vous venez d'ouvrir. Nous aurons plus tard une conférence où nous traiterons la question *positive*. Quant à Genevois, il est tellement malade qu'on ne peut pas lui parler ; il a une fluxion de poitrine. Ce bon Genevois, il est bien dangereusement malade ! Hier, sa position m'a fait beaucoup souffrir. Corrèze et Genevois vous aiment, et leur *amour* n'est point *mystique*.

» Je désirerais beaucoup avoir une conférence avec vous lors de votre passage à Lyon ; vous savez, Père, que j'aime à *voir* et à *toucher*. Je voudrais, au moment que la mer va nous séparer, m'identifier avec votre inspiration le plus intimement possible ; je voudrais connaître toutes les circonstances les plus minutieuses de votre départ. Si je ne puis m'entretenir avec vous, j'attends des lettres; pour s'harmoniser à de grandes distances dans une *action*, il faut, vous le savez, beaucoup de prévision.

» Père, vous m'avez donné la vie *spirituelle*, la vie de l'esprit ; l'instant est venu où vous allez m'initier à la vie d'*action*, à la vie de la matière ; déjà votre dernier message a commencé mon initiation.

» Père, je vous aime, vous êtes ma vie.

» A DIEU PÈRE et MÈRE de tous et de toutes. — Votre fils dévoué, HOART. »

Enfantin, quand il se préparait à partir pour l'Orient, avait été parfaitement instruit par la correspondance de Barrault de l'accueil que la première mission saint-simonienne [1] avait déjà reçu à

1. Cette première mission était ainsi composée : Barrault, chef; Rigaud, Urbain, Toché, Tourneux, David,

Constantinople, à Smyrne, etc. Quelques lettres, extraites de cette correspondance, donneront une idée de l'importance des faits qu'elle renferme, sur la propagation lointaine et pour l'histoire de la foi nouvelle :

Barrault au Père.

« Constantinople, 16 avril 1833.

» PÈRE,

» Hier 15 avril, jour de SAINT-SIMON, quatre mois après votre emprisonnement, nous avons salué le matin Constantinople, et à sept heures nous avions jeté l'ancre dans le canal.

» A dix heures, nous étions tous à terre, excepté JANS, malade, et *Carolus*, resté à bord. Nous avons été du port à Sainte-Sophie, nom d'un heureux présage pour des hommes qui cherchent la MÈRE. Au nom de DIEU et en votre nom, PÈRE, nous avons rendu hommage, à haute voix et la tête découverte, aux filles d'Orient, pauvres ou riches, à pied ou en voiture. Nous l'avons rendu, cet hommage, à l'étonnement des femmes et des hommes, mais sans obstacle. Notre costume qui a

Alric, Granal, Decharme, de Prax, Carolus, Jans, Cognat. Ils avaient pris le nom de *compagnons de la femme*. Cayol avait fait voile séparément pour l'Égypte, en passant par la Corse.

vivement frappé, notre tenue militaire, notre maintien grave ont imposé.

» De la ville, nous sommes allés, moins RIGAUD et DAVID que leur indisposition força à retourner à bord, jusqu'à Péra ; là, nous avons renouvelé notre salut aux femmes, à la vue de la foule très-considérable qu'avait attirée dans ce faubourg le lendemain de la pâque grecque.

» De là nous sommes retournés à bord pour y reprendre nos effets et débarquer avec notre bagage.

» Au moment de partir, un canot du capitan-pacha est venu de sa part, *curieusement*, mais non *inquisitorialement*, savoir qui nous étions : je répondis au drogman, en peu de mots, assez pour exciter sa curiosité et non pour la satisfaire.

» Dès le soir, nous étions installés dans notre petit logement à Bakistachi, l'un des faubourgs de la ville.

» Aujourd'hui nous y sommes restés pour achever notre campement. Les habitants du faubourg, Grecs de religion, dans le désœuvrement de leur fête pascale, ont paru s'inquiéter de notre voisinage.

» Nous avons entendu ou cru entendre, dans la foule qui nous suivait par moments, mur-

murer les mots de *saint-simonien*, *religion*, etc.

» Demain, nous sortirons en *grand costume*. Déjà nous avions salué la terre d'Orient : le lundi de la pâque catholique, mouillés de la veille au-dessous du cap Blanc, à quelques lieues de Schisme, nous sommes descendus à Alaçota, bourg assez considérable voisin de la côte. Notre présence y avait causé une vive sensation.

» Ce jour, une faute contre la discipline fut commise par Cognat ; je le fis juger, et le lendemain au soir, en présence de tout l'équipage édifié et ému, il fit réparation de sa faute.

» Nous ne saurions trop nous louer de la conduite de MM. Clari et Garibaldi, capitaine et second de la *Clorinde*. A leur exemple, matelots et mousses nous ont prodigué, sans jamais se démentir, les témoignages les plus vrais de leur respect et de leur sympathie. Nous avons deux fois dîné sur le pont avec le capitaine et tout l'équipage, buvant tous à votre délivrance, PÈRE, et à la venue de la MÈRE.

» PÈRE, arrivés d'hier, nous avons peu fait et je dois me taire.

» J'ai voulu seulement vous renouveler le témoignage de la tendresse de tous vos fils, toujours croissante pour vous.

» Je sais, je sens plus que jamais ce dont votre cœur a besoin et ce qu'appellent vos enfants et le monde. Ah ! le jour où je pourrai vous parler comme vous le souhaitez, ce jour, je ne me tairai point..... La santé morale de tous vos fils a toujours été en progrès ; de légères atteintes de la grippe, qui règne à Constantinople, se sont témoignées chez RIGAUD et DAVID.

» PÈRE, durant le voyage, j'ai beaucoup rêvé sur le développement de notre foi ; j'espère que le moment n'est pas éloigné où je pourrai vous communiquer mes pensées, dont la réalisation est nécessairement ajournée jusqu'à la venue de la MÈRE.

» Je sens chaque jour grandir mon amour pour vous ; je m'efforce de communiquer aux compagnons chaque progrès de mon attachement à votre vie.

» PÈRE, à DIEU et à l'épouse nouvelle.

» E. BARRAULT. »

A la suite de cette lettre, on lisait dans le *Livre des Actes :*

« La présence des apôtres à Constantinople avait produit une vive sensation ; les autorités turques étaient effrayées de la fermentation générale ; bientôt l'alarme se répandit jusqu'au sein du palais et ces hommes de paix, proclamant à haute voix leur *foi* dans l'élévation prochaine de la femme, de cet être de douceur appelé à faire disparaître la violence de la terre, saluant d'un saint hommage chacune de celles qu'ils rencontraient, furent saisis et enlevés de leur demeure le 20 avril ! On les conduisit d'abord à la chancellerie, où ils furent gardés, mais traités avec égard, pendant trois jours ; puis, malgré les réclamations du consul français, on les jeta violemment sur des barques où on les retint dix jours entiers, les promenant d'un lieu à un autre sans leur laisser mettre pied à terre.... Ces jours d'épreuves, que DIEU leur envoya sans doute pour émouvoir les peuples par le spectacle de leur généreux courage, se passèrent dans les plus cruelles souffrances. Mis à fond de cale, obligés de rester couchés, mourants de faim ou réduits à une nourriture repoussante..... On les débarqua enfin à Smyrne, où ils arrivèrent plus animés, plus ardents que jamais. »

Le 9 mai, Barrault avait écrit de Smyrne à Enfantin :

« PÈRE,

» Après une première lettre datée de Constantinople, en voici une seconde que je vous adresse de Smyrne :

» Le 20 avril, anniversaire du jour où nous dîmes adieu au monde, le monde est venu nous saisir et, de notre humble demeure, il nous a fait pénétrer dans le sérail du favori du sultan, et chez le séraskier-pacha, aujourd'hui ministre dirigeant, afin que la glorification de votre nom et la venue de la MÈRE y retentissent hautement. Les alarmes que notre présence a imprimées au gouvernement turc ont donné encore plus d'éclat aux témoignages que nous avons rendus de notre foi !

» Le 23 avril, anniversaire du jour où nous entrâmes à Ménilmontant, le monde, par la volonté de DIEU, nous a brusquement arrachés à la captivité d'honneur que, pendant deux jours, nous avons subie à Galata, et il nous a promenés de caïque en caïque, de Stamboul aux Dardanelles, à Ténédos, à Moliva, à Mételin, à Phocée, afin que partout notre croyance éveillât de nouveaux échos, et il nous a enfin conduits à Smyrne, où elle a reçu un large retentissement. *L'égalité de l'homme et de la femme* est plantée en ORIENT.

» PÈRE, devant tous les hommes qui ont vu ma face et celle de mes compagnons, j'ai maintenu haut la dignité de fils de l'HOMME nouveau et de compagnon de la FEMME !

» Les pachas ont pu employer contre nous la violence pour se débarrasser des inquiétudes que nous leur inspirions, mais nous les avons forcés au respect de notre caractère.

» L'ambassadeur de France nous a traités avec distinction ; notre enlèvement de Constantinople a été le sujet de relations officielles entre lui et le reis-effendi.

» PÈRE ! la population franque de Smyrne nous a accueillis avec beaucoup de bienveillance. Nous avons pris un logement au milieu d'elle. Après le coup d'éclat de Constantinople, j'éprouvai le besoin d'une action modeste et prolongée à Smyrne.

» Je veux essayer d'y fonder une station de la foi nouvelle ; il y aura à ménager la susceptibilité des Turcs et des Grecs. Déjà j'ai préparé le terrain et j'ai donné mission à Granal, Alric, Cognat et Prax de continuer ; David et son piano restent aussi à Smyrne.

» Pour moi, je pars lundi pour Alexandrie avec Toché, Tourneux, Urbain et Decharmes. La race turque a entendu l'annonciation ; il faut qu'elle retentisse aux oreilles de la race arabe.

» *Carolus* repart pour France. *Jans*, que sa santé oblige à nous quitter, reprend ici l'habit bourgeois et travaille déjà dans un atelier.

» Rigaud se propose d'aller chercher la MÈRE, ou plutôt de voyager, en l'attendant, jusqu'à l'Himalaya ; il éprouvait depuis quelque temps le besoin d'une œuvre individuelle.

» La moralité des compagnons de la FEMME s'est accrue, c'est vous dire, PÈRE, qu'avec plus de dévouement à la recherche et à l'annonciation de l'épouse, ils sentent chaque jour grandir leur reconnaissance et leur amour pour vous.

» PÈRE, je vous aime. — E. BARRAULT. »

Après une excursion en Égypte, Barrault avait écrit de nouveau à Enfantin, sous la date du 6 juillet :

« PÈRE,

» Après avoir terminé l'annonciation à Alexandrie, j'en suis parti le 9 juin ; j'y ai laissé URBAIN et DECHARMES qui, réunis à CAYOL, devaient aller montrer le costume au Caire, aux Pyramides, à Damiette et à Rosette. Je ne sais s'ils ont pu exécuter ce projet. Je suis venu à Smyrne en faisant une relâche à Rhodes, où j'ai laissé, entre de bonnes mains, votre portrait. De Smyrne, étaient partis, le 15 de juin, COGNAT et GRANAL pour Beyrouth et Seide, où ils doivent, selon mes instructions, visiter *lady Stanhope*, dame anglaise que ses libéralités envers les tribus arabes avoisinantes ont fait surnommer la *Reine de Jérusalem*, et qui, depuis plusieurs années, prophétise une religion universelle fondée par un *Français*. J'ai fait partir, deux jours après mon retour, PRAX pour Scio, Tchesmé, Mételin, Ténédos, où il rejoindra les deux escadres anglaise et française. A titre d'ex-lieutenant de frégate, et avec les relations que nous avons à bord de quelques vaisseaux de l'escadre française, il trouvera peut-être quelque chose à faire. Dans une quinzaine, ALRIC, le sculpteur, ira passer quelques jours à Rhodes, et de là peut-être à Candie. Je crois bien que DAVID quittera également Smyrne, où son piano et ses chants ont produit un excellent effet, et qu'il ira voir Alexandrie avec l'espérance d'y produire aussi, par sa musique, une impression favorable. J'ai fait écrire en France à quelques musiciens de venir rejoindre DAVID ; j'aime à croire qu'ils se rendront à mon appel.

» PÈRE, ma tâche de prophète est accomplie ; Stamboul, Smyrne et Alexandrie m'ont entendu. J'attendrai en silence la venue de la FEMME, pour qui seulement ma bouche s'ouvrira encore, en jetant un premier cri d'amour et d'enthousiasme.

» PÈRE, la foi des compagnons est inaltérable ; je vous supplie de croire à mon éternel amour pour VOUS. — E. BARRAULT. »

Enfantin, nous l'avons vu, s'était montré convaincu, comme Barrault, que la tâche du prophète touchant la FEMME-MESSIE, était accomplie, et qu'il fallait attendre en silence la venue de la MÈRE. Mais Enfantin ne croyait pas que ce silence dût être accompagné de l'inaction, et, sans laisser attiédir les ardeurs de l'attente dans le champ épineux de la rénovation morale, il lui semblait que le moment était venu et il se sentait impatient de mettre la main aux grandes entreprises du génie industriel. A la veille de quitter Paris, il écrivait à un notable financier qui avait patronné le *Producteur* et d'autres publications de Saint-Simon et de ses premiers disciples; il écrivait à M. Ardoin la lettre suivante :

« Mon cher Monsieur,

» Avant de quitter la France et l'Europe, j'ai trouvé deux occasions de me rappeler à votre amitié; je les ai saisies : l'une, c'est votre fils qui est venu me voir avec Jules et que j'ai chargé d'un bon souvenir pour vous, en l'embrassant; l'autre, c'est Eugène Humann, qui vous remettra cette lettre, que je recommande à votre bienveillant accueil.

» Vous avez toujours si affectueusement suivi nos travaux, par attachement pour la mémoire de Saint-Simon et pour nous-mêmes, que j'ai besoin de vous dire, en ce moment où nous avons accompli notre tâche *théorique*, ce que je vais *faire*, pour entrer enfin dans la réalisation *pratique industrielle.*

» Nos *idées* sont assez propagées aujourd'hui pour que nous puissions commencer à *agir ;* nous sommes sûrs qu'un nombre assez formidable d'hommes capables, d'hommes d'*exécution* et de *travail*, répondra à l'appel que nous ferons maintenant pour une grande *œuvre*. Les ingénieurs, surtout, et des ouvriers habiles ne nous manqueront pas ; nos deux dernières années ont été employées à les préparer. Nous pouvons donc entrer enfin dans la vie d'*industrie*, de *travail* et d'*utilité*, que notre maître a annoncée et que nous avons suffisamment prêchée.

» Vous devez penser que j'ai dû souvent *rêver* une *œuvre*, mais je n'osais et ne pouvais l'entreprendre qu'à la condition de pouvoir la faire mieux, plus vite et à meilleur marché que qui que ce fût ; il me fallait pour cela, avant tout, des hommes habiles, laborieux et *dévoués* surtout. Je les ai.

» Je pars demain pour Alexandrie. Le gouvernement français voit avec plaisir mon départ, non-seulement par raison de *police*, mais parce que je le délivre ainsi d'un élément, sinon de trouble, au moins d'émotion ; il le voit encore avec plaisir pour le but que je me propose, et ceci dans un intérêt national, politique et industriel. Ce but, le voici :

la percée de Suez, projetée depuis si longtemps, languit. Il faut qu'elle se fasse ; elle se fera pour nous ou *à cause* de nous. J'ai déjà vingt hommes en Égypte qui préparent. J'emmène avec moi cinq hommes encore ; plusieurs sont ingénieurs, et j'espère, avant six mois, pouvoir appeler à l'*œuvre*. Et nous ne sommes pas des hommes auxquels il faut, comme aux ingénieurs et entrepreneurs anglais, des millions ; nous vivons comme l'ouvrier ; nous nous y sommes habitués, mes fils en travaillant eux-mêmes dans des chantiers, et moi en prison.

» Il faut que cette grande œuvre vraiment universelle soit œuvre d'enthousiasme et de dévouement, comme l'était la guerre, et que la *gloire* paye ces soldats pacifiques. Cela sera ainsi, et c'est ce qui nous garantit de toute *concurrence* auprès d'un immense *faiseur* comme Méhémet. Je vous annonce ceci, mon cher monsieur, parce que je suis sûr que vous aurez joie de nous voir enfin *pratiquer*, et parce que vous sentirez toute l'importance de l'œuvre que nous allons faire.

» Le seul obstacle pourra être la volonté du gouvernement anglais ; cet obstacle tombera devant l'intérêt évident de tous les autres peuples. — Votre affaire de Portugal est heureusement finie ;

vous avez fait là encore de l'industrie *pour* la guerre; voyez si le souvenir de Saint-Simon ne vous poussera pas à vouloir faire de l'industrie *pour* la paix avec nous : Dieu le veut,—comptez, je vous prie sur ma sincère affection.

» P. ENTANTIN. »

Des lettres d'adieu très-cordiales furent également adressées par Enfantin à ceux de ses parents et amis avec lesquels il avait maintenu ses relations épistolaires en dépit de la dissidence philosophique et religieuse; à sa cousine Thérèse, au général Saint-Cyr Nugues, à MM. Hennecart, Pichard, etc. Il écrivit aussi à madame Petit [1]. Parmi les fidèles qu'il affectionnait particulièrement, il avait toujours distingué Alexis Petit dont

1. Le 25 août 1833, la mort de Bouffard, ancien membre du collége saint-simonien, était annoncée en ces termes, dans le *Livre des actes*, par Cécile Fournel :

« Retiré dans le Berry, il y avait fondé, avec Mme Petit, une vaste entreprise agricole qui donnait de grandes espérances, et dont le fruit était destiné dans son cœur à concourir au développement du saint-simonisme qui était sa foi : il est mort animé des sentiments les plus tendres et les plus religieux. Une lettre du PÈRE, qu'il avait devinée, pressentie, lui parvint deux jours avant celui qui l'a vu succomber; il ne put y répondre, mais, la pressant sur ses lèvres, il la baisa avec attendrissement, et chargea Mme Petit, prête à se rendre à Paris, de porter l'expression de son amour et de son respect au PÈRE. Ce fut le surlendemain qu'il rendit le dernier soupir dans les bras de sa femme (sœur aînée de Michel Chevalier) et de Pauline, sa belle-sœur. »

le dévouement filial ne lui avait pas fait un instant défaut pendant sa captivité. Mais il ne voulut rien décider à son égard sans avoir obtenu le consentement de sa digne et tendre mère. « Je ne dois plus, écrivit-il à cette dame, faire ce que j'ai fait et dû faire autrefois, briser les affections les plus intimes pour ne laisser entendre que les affections générales. » Madame Petit continua sa vie de sacrifice.

Il y avait d'autres affections de famille cruellement déchirées par l'annonce du départ d'Enfantin; son vieux père en était désespéré. On peut en juger par ces extraits de lettres de la bonne gouvernante, Émilie Dard :

24 août 1833.

« C'en est donc fait pour cette fois, mon bon Prosper, je vais donc vous perdre pour toujours; c'est bien pour toujours! je ne m'abuse pas, je suis trop âgée pour espérer vous revoir jamais. Je n'ai rien à vous dire puisque la voix de la nature n'a pu se faire entendre; moi, je ne peux que prier Dieu qu'il conduise vos pas et qu'il vous protége dans toutes vos grandes entreprises. »

26 août « Je vous dirai, mon bon Prosper, qu'au moment où je me disposais à aller voir M. votre père, j'ai reçu sa visite. Il croyait bien que je devais vous aller voir, comme je le lui avais dit. Je

l'ai trouvé bien triste. Je le console autant qu'il m'est possible. Il fait des réflexions tristes que je partage bien et qui me font bien mal. Il dit que *vous pouviez bien faire comme les autres messieurs*, que vous pouviez bien trouver quelque emploi sans vous expatrier dans des pays aussi affreux et que vous y périrez comme votre pauvre frère... il avait toujours les larmes aux yeux. » Ces larmes en faisaient couler aussi et de bien amères à Enfantin. Mais si les affections intimes pouvaient le faire pleurer, elles ne pouvaient pas le faire reculer là où il se sentait appelé par le cri des affections générales. Le jour même de la lettre à M. Ardoin, il fit parvenir ce billet à mademoiselle Saint-Hilaire :

« 28 août. — Ma chère Aglaé, nous allons prendre nos passe-ports à midi aux affaires étrangères. A une heure, je pourrai être chez vous; faites-moi le plaisir de prévenir mon père. Adieu. — P. E. »

Le lendemain, Enfantin quittait Ménilmontant pour marcher vers le Nil et Suez.

« Le 29 août, dit le *Livre des actes*, le Père, triste de notre douleur, mais calme et ferme devant elle comme l'est toujours celui que DIEU conduit, le Père prononça le mot *adieu*. Il s'est éloigné de Paris, se dirigeant, avec ses fils, d'abord vers Lyon où l'attendaient les respects et l'amour de la famille lyonnaise, où Hoart, Bruneau, Desloges, Mercier et tous ceux qui apprirent son départ vinrent se presser sur ses pas ; puis il reprit bientôt la route de Marseille. »

Avant de quittter Lyon, un des compagnons d'Enfantin, Fournel, écrivit à Arlès une lettre qui fut publiée dans le *Livre des actes*, et qui, selon l'expression de ce journal, devait mettre le public *au courant de la pensée profonde de l'expédition sous le rapport industriel.*

« Je pars, mon cher Arlès, disait Fournel, et vous savez que je vais faire voile pour Alexandrie; ce que vous ne savez pas assez et que je vais vous dire, c'est ce qu'il s'agit pour nous d'accomplir sur le sol africain, sur cette terre de l'Égypte; terre vieille de souvenirs et jeune d'espérances; terre où s'arrêtait le *monde connu des anciens*, terre que *le nouveau monde* veut fouler pour y verser la vie et non pour y porter la mort; pour y conquérir la richesse en la donnant, et non ponr y faire échange de sang stérilement répandu au sein de la dévastation.

» Parcourir le désert qui sépare les deux mers, compléter les études faites pendant la campagne d'Égypte, fixer le monde sur le meilleur mode à adopter pour établir la communication de Suez à la Méditerranée, et par là mettre en contact l'Inde avec l'Europe, tel est le programme sommaire de notre expédition. Les moyens d'exécution se partagent tout naturellement en travaux théoriques et pratiques, c'est-à-dire ici, en tracés, plans et devis, et en réalisation du projet jeté sur le papier.

» Pour les premiers, vous savez les liens nombreux qui nous attachent au corps des ingénieurs sortis de l'École polytechnique dans les diverses directions; ponts et chaussées, mines, génie maritime, génie géographe, génie militaire, artillerie; partout nous touchons des cœurs dévoués, des *intelligences* ouvertes aux grandes œuvres, des *bras* nerveux, toujours prêts quand il s'agit de servir l'humanité; sous ce rapport nous sommes en mesure de présenter au monde une réunion d'hommes qui lui offre toute garantie de LOYAUTÉ, d'*habileté*, de *vigueur* dans l'exécution, et nous pouvons être assurés de dérouler un plan auquel toutes les nations applaudiront, sans envie, parce qu'il n'y a pas d'envieux quand les intérêts sont confondus, quand gloire et bonheur sont pour tous.

» J'arrive à la réalisation du projet, réalisation que je ne veux envisager d'abord que sous le rapport des capitaux. Elle peut être individuelle ou collective; individuelle si l'Angleterre comprend qu'elle doit jeter entre les deux mers une somme qui lui produira de gros intérêts; collective si une *sainte-alliance* des souverains de l'Europe se forme sous l'influence de l'appât d'un bénéfice. Cette dernière solution me paraît beaucoup plus probable, non-seulement parce je suis porté à préférer les garanties offertes par l'État à celles que peut donner un entrepreneur (celui-ci fût-il une nation), mais surtout parce que si vous regardez attentivement la tendance des souverains, les exigences des peuples, la position critique de plusieurs, vous arriverez à ce fait qu'un congrès européen est prêt à s'ouvrir, et que les lettres de convocation sont peut-être rédigées. C'est sur ce tapis entouré de têtes couronnées que seront données les signatures de cet *acte de société*, grand par ses résultats, minime pour les sacrifices que chaque partie s'imposera; acte de société qui sera un grand fait dans l'histoire, et qui recevra les signatures royales, données les premières peut-être, sans arrière-pensée.

» Je viens de vous dire que l'Angleterre pourrait comprendre qu'elle devait *faire une affaire* à Suez, et cependant la première pensée qui se présente est celle de l'opposition de ce grand négociant. Examinons donc, en nous plaçant au-dessus de l'intérêt national, au-dessus même de l'intérêt européen, la place que Dieu assigne dans l'avenir à l'Angleterre; et pour cela suivez les mouvements qui s'accomplissent dans le monde, les modifications qui s'opèrent dans les hiérarchies.

» En Europe la hiérarchie du talent a supplanté peu à peu la hiérarchie de la naissance, et si quelques débris épars, si même quelques pyramides restées debout çà et là constatent l'antique puissance de celle-ci, le fait n'en est pas moins accompli, et les blasons, que l'on déchiffre comme de vieilles inscriptions, peuvent être aujourd'hui respectés sans danger; leur puissance est finie. Mais si la hiérarchie des hommes s'est successivement modifiée, croyez-vous que la hiérarchie des nations n'accomplisse pas des évolutions semblables? Ne vous semble-t-il pas que, quand on balance les forces de l'Europe, et qu'à *puissance terrestre* et *puissance maritime* on fait correspondre les mots *France*, *Angleterre*, ne vous semble-t-il pas que l'on traduit un fait présent plus qu'un fait d'avenir, un intérêt européen plus qu'un intérêt universel?

» Pour moi, quand je prononce ces mots : *puissance terrestre et maritime du globe*, mes regards se portent involontairement sur la *Russie* et sur les *Amériques*.

» Quelle que soit la force maritime *actuelle* de l'Angleterre, je ne comprendrais pas comment elle ne serait pas dépassée un jour par les flottes de cette île gigantesque qui, suspendue au pôle, partage l'Océan lui-même en deux océans, et je suis bien plus préoccupé de tracer une grande ligne passant par Panama et Suez, que je ne suis en méditation sur les *intérêts particuliers de la compagnie des Indes*. La marine américaine deviendra, par rapport à celle de l'Angleterre, ce que fut la marine de l'Angleterre par rapport à celle de la Hollande ; il y aura, *quant aux proportions*, toute la distance qui sépare *aujourd'hui* une marine *militaire* d'une marine *marchande*.

» De même, quand je jette les yeux sur cet espace immense qui obéit à l'autocrate et qui baigne comme un océan, presque toutes les contrées de l'Europe, je vois la Russie avec ses Tartares, ses Cosaques, ses Baskirs, aidée par sa constitution même, transformant d'un seul signe ses nombreux bataillons en bras producteurs, et sillonnant sa terre de chemins de fer qui partiraient de la statue de Pierre le Grand pour s'allonger vers la Chine, la Perse, la Turquie et l'Allemagne.

» Mais comme je ne crois pas à l'anéantissement *futur* des peuples, comme je ne crois pas au retour de ces grandes catastrophes qui ont effacé momentanément des fastes du monde l'Inde, l'Égypte, la Grèce, l'Italie, et que je vois, au contraire, les nations se classer successivement, la France et l'Angleterre m'apparaissent comme devant être toujours rattachées *par un lien matériel* aux deux centres qui grandissent devant nos yeux. C'est pourquoi le chemin de fer de Marseille au Havre se présente comme le prolongement nécessaire de la communication ouverte à travers les Amériques, l'Inde et l'Afrique. Vous voyez ainsi la France et l'Angleterre unies à des filles plus *musculeuses* que leurs mères et offrant l'image de l'*intelligence*, qui inspire et qui règle les mouvements d'un *corps* robuste. *On verra l'initié bénir l'initiateur*.

» C'est sous l'empire de cette conception que l'Angleterre sortira de l'égoïsme où elle est plongée. Ils ne sont pas éloignés de nous les jours où la France, accomplissant une œuvre militaire immense, se satura de la gloire des combats et refléta sur l'Angleterre, qui fut grande aussi par sa résistance acharnée et par sa victoire définitive, une partie de cette gloire qui coûta si cher aux deux rivales. L'Angleterre, par le fait même du rôle qu'elle joua dans cette terrible lutte engagée entre le monde et un homme, conquit momentanément un équilibre qui redevint instable aussitôt que le centre de gravité fut renversé, et aujourd'hui on conçoit comment l'Angleterre qui, par réaction contre le système continental, voulut être *seule* industrielle, et put l'être par les liens qu'elle avait formés, n'a plus d'autre rôle social, d'autre rôle où elle trouve son salut et sa gloire, que celui de l'excitation à un puissant mouvement industriel dans le monde. Les gouvernements européens sont rongés par l'action délétère de la presse anarchique ; vainement cherchent-ils à détruire violemment cette hydre aux cent têtes; ils ne l'écraseront que par des actes progressifs, et le jour où le mouvement industriel sera imprimé avec vigueur, la tribune française, déjà bien pâle, sera complétement éclipsée, et son tombeau sera celui du parlementarisme en Angleterre. Alors, mais seulement alors, cette grande nation aura une boussole pour s'orienter vers le phare qui porte, en traits de feu : RÉÉDIFICATION PACIFIQUE DE L'ANGLETERRE. Que ses patrons manquent cette belle manœuvre, que leur boussole les trompe, et vous verrez le vaisseau anglais traverser un fleuve de sang : les vents l'y poussent.

» Tel est le rôle présent et futur de l'Angleterre; et c'est parce que la communication des deux mers, exécutée comme nous le concevons, serait un puissant mobile au mouvement industriel européen, que l'Angleterre, *dans son intérêt bien entendu*, devrait nous seconder. La conséquence la plus immédiate de l'exécution de notre projet serait de laisser respirer plus librement la France; car celle-ci n'aura de tranquillité au dedans que quand une œuvre digne d'exalter les esprits ardents aura enlevé de son sein tous ces hommes pleins de vie qui désirent plus ou mieux que ce qu'ils ont, et qui jouent le rôle de brouillons parce que leur généreuse activité espère tout du désordre, à la vue du scandale régulier, ou plutôt aligné, qu'on décore à leurs yeux du nom d'ordre. C'est là que se trouveront les moyens d'exécution quand l'argent sera trouvé et qu'il ne manquera plus que les bras.

» Sans aucun doute, mon cher Arlès, l'œuvre la plus importante en France va consister à préparer l'épanchement des hommes passionnés de l'Occident vers l'Orient. Le Midi est prêt pour entendre le langage propre à une œuvre d'animation et d'entraînement. Naguère, les enfants de la Provence vinrent, aux accords de leur *Marseillaise* enivrante, porter le coup mortel aux vieilles institutions qui chancelaient ; à eux encore, avec un chant plein de verve et d'ardeur pacifique, à lancer sur les mers le premier bataillon de l'armée des travailleurs qui rendra la vie à cet Orient qui nous l'a transmise. Quand Marseille et Lyon verront les portes de l'Inde prêtes à s'ouvrir devant elles, quand elles auront compris les regards animés que leur lanceront Alexandrie et le Caire, vous entendrez Marseille et Lyon entonner le même chant.

» HENRI FOURNEL. »

Avant de sortir du port de Marseille, Enfantin, à bord du *Prince héréditaire*, annonça d'abord son départ à Barrault, et transmit ensuite ses instructions à Hoart, Bruneau, Rogé et Massol.

A Barrault.

« Marseille, 19 septembre 1833.

» Duguet me précède de quelques jours. Il est porteur d'instructions qu'il te communiquera.

» Puisqu'il te trouve à Alexandrie, venant au-devant de MOI, pour ME recevoir sur la terre d'*Orient*, c'est que tu as SENTI et compris comme MOI les deux lettres que je t'ai écrites de ma prison et de Ménilmontant, c'est que tu veux encore pratiquer la vie du PÈRE, ou du moins t'y retremper pour retremper la MÈRE, c'est que tu as le secret de l'abandon où devaient te laisser Rigaud, Tourneux et Toché, enfin c'est que tu songes *aux femmes*, à l'*industrie*, à la *politique* pour mieux appeler la MÈRE, dans laquelle tu avais *dû* t'absorber *exclusivement*, pour accomplir l'annonciation que tu en as faite.

» Je peux donc te donner MES *ordres*, et te parler de MES vues sur TOI.

» Très-peu de temps après mon arrivée, je veux être en mesure de t'envoyer en mission *au loin*, avec plusieurs des hommes qui t'ont accompagné ou rejoint ; ce ne sera pas encore vers l'Amérique.

» Jusque-là, voici ce que je désire de toi.

» Notre face INDUSTRIELLE est celle qui doit APPARAITRE, sinon *dominer*, dans ce moment, en Orient.

» Fais donc en sorte que tout ce qui a été fait déjà par nous en Orient soit considéré comme *préparation* à notre ŒUVRE présente ; RELIE TA mission d'hier à MOI d'aujourd'hui, comme je le fais moi-même.

» En d'autres termes, JE vais *occuper* la place que tu as *préparée*. Je la prends ayant Fournel près de moi, et me disposant à t'envoyer, TOI, en ambassade pour compléter le caractère RELIGIEUX de notre œuvre INDUSTRIELLE.

» C'est donc surtout mon ŒUVRE actuelle que tu dois avoir en vue, du moins quant à l'Égypte, et tu devras faire tourner à l'avantage de cette ŒUVRE tout ce que vous avez fait jusqu'ici.

» Ne crains donc point que ta mission passée en soit moins bien comprise par les Égyptiens, si les motifs qu'ils lui supposent facilitent, au lieu de la contrarier, l'exécution de l'œuvre industrielle.

» Ne crains pas même qu'ils la considèrent comme un *moyen*, et qu'ils regardent la *percée de Suez* comme un *but*. Ils en estimeront davantage notre *habileté*.

» Tu as *appelé* la MÈRE en Orient par ta parole et par ta *présence*, il faut *appeler* non-seulement la MÈRE, mais aussi les FEMMES et les PEUPLES par un TRAVAIL. Ces deux formes d'appel se lient fort bien pour TOI et pour MOI, mais ce serait trop exiger des Égyptiens que de leur demander de concevoir ce lien; il faut qu'ils comprennent ce qu'ils vont voir, cela suffit. Ce qui doit frapper *uniquement* aujourd'hui, c'est LA PERCÉE DE SUEZ; et, je le répète, c'est à ce but que tu dois rattacher ostensiblement tout ce que vous avez fait.

» Quand je serai près de toi et que j'aurai vu le

soleil d'Orient et aussi le croissant de Mahomet, nous parlerons de ton ambassade.

» A Dieu et à toi. — P. ENFANTIN. »

P. S. « Si Decharmes et Prax n'étaient pas avec toi, fais en sorte de savoir où nous pourrons leur transmettre nos ordres. Prends les mêmes mesures à l'égard de tous les autres enfants, mais je te donne d'abord ceux-là, à cause de leur qualité d'anciens élèves, qui les rendra peut-être nécessaires avant les autres. »

Aux capitaines HOART *et* BRUNEAU,
à ROGÉ *et* MASSOL,

« A bord du *Prince héréditaire*, port de Marseille, septembre 1833.

« Capitaines HOART et BRUNEAU, mes vieux camarades, et vous, ROGÉ et MASSOL, mes amis, je marche vers l'Orient, vers mon œuvre ; j'ai quitté ma prison d'Occident et je reprends sur vous mon autorité; JE SUIS LIBRE.

» Vous avez bien usé de la liberté que ma prison vous avait donnée.

» Vous avez travaillé dans les *chantiers*, avec les *ouvriers*, vous avez vécu de la vie du *prolétaire*, faisant entendre au peuple nos chants et lui apprenant à aimer, à respecter notre *costume;* votre place était bien choisie et notre œuvre était bonne ; car je veux aujourd'hui donner ma vie à une grande *œuvre d'industrie*, à une *glorieuse* entreprise, et j'ai besoin des hommes qui ont pu vous aimer et vous comprendre, j'ai besoin des TRAVAILLEURS.

» Pendant que votre PÈRE était en prison, votre courage a été soutenu par votre espoir dans la MÈRE et par votre amour pour le PEUPLE ; un jour la MÈRE et le PEUPLE vous béniront ; moi je vous dis, au nom de notre DIEU, que je suis content de vous, car votre passé est beau.

» Mais j'ai quitté la terre d'Occident, je vais au *travail* ; laissons le passé et parlons vite d'avenir.

» Par l'œuvre que je vais entreprendre, je veux que la France, l'Europe et le monde soient initiés à la *pratique* de mes *théories* INDUSTRIELLES ; je veux que notre armée des TRAVAILLEURS soit le germe de pacification et de gloire que DIEU a promis par nous à l'humanité.

» Pendant que nous préparerons en Orient notre *œuvre*, vous préparerez en France les *hommes* qui plus tard devront répondre à mon appel.

» HOART et BRUNEAU, vous vous occuperez du personnel et du matériel des travailleurs ;

» Rogé et Massol, de la *musique* et des *costumes*.

» Vos missions sont distinctes, vos moyens et vos ressources devront l'être également. Lorsque vous vous réunirez pour une œuvre commune, que votre amour pour MOI soit toujours entre vous, afin que vous soyez unis, malgré votre manière de sentir.

» Et dans ce but je désire, si cela est possible, que ROUSSEAU assiste aux conseils où vous serez tous quatre réunis; Rousseau qui ne sera pourtant attaché ni aux TRAVAILLEURS ni aux ARTISTES, qui n'aura aucune autorité sur vous et qui gardera entre vous le nom de *poëte*, qu'il s'est donné et que je lui conserve.

» J'espère pouvoir faire mon appel aux TRAVAILLEURS en février prochain.

» D'ici là, je serai fixé sur les mesures financières propres à l'exécution de notre œuvre ; de votre côté, vous devez chercher les ressources nécessaires à l'équipement et au départ de l'*armée*, comme si ces premières dépenses devaient être, pour ceux et pour celles qui les feront, un saint *sacrifice*, ou, du moins, une confiante et religieuse *avance*, car cette grande entreprise doit être une occasion de nombreuses et entières CONVERSIONS ; il suffira, pour les déterminer, qu'on ait la certitude que la concession nous en est accordée.

» HOART et BRUNEAU, pour la vie que cette mission vous impose, vous avez foi que votre COSTUME serait un obstacle, je vous autorise à le déposer ; je désire même que cet exemple serve à d'autres qu'à vous, et que sauf les hommes qui, sous la direction de Rogé et de Massol, auraient mission de préparer l'ART qui entourera les TRAVAILLEURS ; en France, tous ceux qui m'aiment le quittent.

» Déjà ROUSSEAU, m'a-t-on dit, se propose de le faire ; Deslosges m'en a demandé l'autorisation, et je vous charge de lui écrire de suite que j'y consens ; lorsque des hommes tels que vous quittent un costume qu'ils ont si bien porté, je pense que tous ceux qui n'appartiennent pas à l'exception que je viens de faire regarderont comme un devoir de vous imiter.

» Déjà à *Paris*, je l'espère, BAZIN seul, à cause de sa fonction, le conserve.

» JUSTUS m'a dit qu'il désirait le garder, et j'en suis bien aise.

» Il ne reste plus en France que *sept des enfants* qui ont reçu de moi le costume à *Ménilmontant*, et qui l'ont porté jusqu'à présent ; que Rogé, Massol et Justus le conservent, ce sera bien.

» Je vous recommande de vous rappeler les sept noms que je viens de vous signaler ; tous ces hommes ont vécu depuis Ménilmontant de notre vie; ils ont droit à une place *spéciale* dans vos cœurs, comme ils en occupent une dans le mien.

» A toi, Desloges, mon brave, une bonne poignée de main encore.

» Et toi, JUSTUS, je serrerai pour toi la main de DAVID.

» Quant à toi, ROUSSEAU, j'ai dit ta place et ton nom, tu es content, n'est-ce pas.

» Revenons à notre place.

» A mesure qu'elle se développera, vous recevrez d'*Alexandrie* des instructions plus précises. Les deux mois qui s'écouleront d'ici là vous sont nécessaires pour visiter en France presque tous nos enfants et préparer les moyens d'avoir plus tard des relations régulières avec eux tous, et une prompte exécution de vos ordres. En d'autres termes, vous devrez organiser à l'avance votre état-major et les cadres de vos régiments de TRAVAILLEURS; ce sera le premier fruit des rudes travaux que, depuis un an, vous avez fait dans les chantiers.

» CAPITAINES, nos anciens camarades de l'*école polytechnique*, jusqu'ici ne nous ont pas fait faute; je compte plus que jamais sur eux, car il s'agit pour nous d'une *œuvre*, et non plus de *livres* et de *discours*; nous les avons toujours trouvés prêts pour notre œuvre de *science*, et ils ne manqueront point à l'appel de l'*industrie*. A sa naissance l'*école* a visité et *décrit* l'antique Égypte, avec NAPOLÉON; aujourd'hui, il faut féconder l'Égypte de MÉHÉMET; nous ne déchiffrerons pas les vieux hiéroglyphes de sa grandeur passée, mais nous graverons sur son sol les signes de sa prospérité future.

» ROGÉ et MASSOL, NAPOLÉON avait occupé auprès de lui des peintres et des sculpteurs, des architectes et des dessinateurs qui relevaient les monuments de Memphis et les hautes Pyramides; ils faisaient revivre les colossales figures que les siècles ont usées, mais n'ont pu entièrement détruire; aujourd'hui, c'est une vie nouvelle qu'il faut donner à l'Égypte, ce sont nos arts et nos plaisirs d'Occident qu'elle réclame.

» Pour accomplir la mission que je vous donne, ayez foi, foi profonde dans les immenses progrès qu'en dehors de nous DIEU fait faire au monde, et comptez pour beaucoup ceux dont mon départ de France va être cause. Nos idées POLITIQUES sont déjà partout, l'éveil MORAL et RELIGIEUX que nous avons donné est senti; hommes et femmes, publicistes et peuple, tous et toutes se distribuent notre héritage et le cultivent.

» L'hostilité contre nous s'éteint, une première justice nous sera bientôt rendue.

» Rappelez-vous aussi, que si DIEU nous a donné mission de féconder les germes de l'avenir, c'est parce qu'il a mis en nous l'art de découvrir où il a placé sa FORCE, car DIEU ne *détrône* plus aujourd'hui, il *convertit*. Or la FORCE est dans toutes les classes, dans tous les partis et dans tous les peuples qui se fatiguent et s'épuisent dans des luttes d'étroites et haineuses jalousies. La force est avec les *hommes*, elle est aussi avec les *femmes*, et nous avons assez *dit* pour que l'orgueil mâle réfléchisse et pour que l'amour-propre des femmes *agisse*. Mais je le répète, DIEU ne détrône plus personne, pas même le maître à l'égard de l'esclave, pas même l'homme à l'égard de la femme. IL fait aimer au maître l'affranchissement de l'esclave, à l'homme celui de la femme, aux *Rois* celui des *Peuples*; et c'est ainsi que tous et toutes marcheront pacifiquement et avec ordre vers l'*égalité* et la *liberté*, vers l'ASSOCIATION.

» Je viens de parler des femmes; tous doivent apprendre par vous que j'ai levé cette sorte d'exclusion par laquelle nous les tenions éloignées de nous. Nous ne les *appelons* pas à nous, mais au lieu de les repousser comme nous le faisions, nous espérons qu'elles vont nous révéler, par la participation qu'elles sentiront religieusement devoir prendre à notre *œuvre,* la mission que DIEU leur donne aujourd'hui.

» Propageant et répétant ma parole de liberté pour la femme, vous avez tous appelé la MÈRE ; mais en cherchant celle qui aimera votre PÈRE et que votre PÈRE aimera, aucun de vous n'a appelé celle qui l'aimera et qu'il aimera ; or la MÈRE ne viendra pas tant que vous n'aurez désiré qu'ELLE ; car il s'agit pour ELLE comme pour NOUS de l'affranchissement DES FEMMES, et non de celui d'une femme seulement.

» MOI, HOMME, j'ignore sous quelles formes DIEU ordonnera aux femmes de favoriser notre œuvre ; pourtant celle que nous entreprenons aujourd'hui est assez grande, assez généreuse, assez périlleuse pour que j'aie foi que DIEU n'inspirera la volonté de se joindre à nous et de nous aider qu'aux *femmes* en qui il a mis l'espoir du monde, qu'à celles auxquelles il a réservé aussi un APOSTOLAT. Les femmes qui comprendront la grandeur de notre religieuse entreprise, et qui voudront en partager les fatigues, les dangers et la gloire, celles-là seront pour nous marquées du doigt de DIEU. Que par vous elles l'apprennent !

» C'est avec cette pensée que vous devez à l'avance

rêver la forme de notre armée pacifique des travailleurs ; hommes et femmes, dans cette sainte croisade, donneront l'exemple de la puissance de notre foi. Hommes et femmes travaillant à l'œuvre *industrielle* la plus RELIGIEUSE, appelleront en chœur la MÈRE, alors ELLE répondra.

» Adieu, mes amis, mes enfants, je n'écris qu'à vous, mais je compte sur vous pour donner un souvenir d'affection du PÈRE à tous ceux qui m'aiment, et aussi à tous ceux qui ont reçu de moi une vie nouvelle et qui pourtant ne m'aiment plus ; à ceux-là surtout, il faut bien que je les aime en raison de l'amour qu'ils me refusent parce qu'ils reviennent à moi ; or DIEU m'a promis leur retour.

» Hoart et Bruneau, Rogé et Massol, Desloges, Justus, Rousseau, je consacre le jour de mon départ à votre souvenir ; c'est en vous que je confondrai, ce jour-là, toutes les pensées d'amour que m'inspire mon pays, ma patrie, ma France.

» J'attache à l'anneau qui porte la plaque de mon collier un anneau qui sera le signe de cette consécration ; je charge Hoart de remettre à chacun de vous un anneau semblable ; ce signe est entre NOUS seulement.

» Adieu encore. — P. ENFANTIN. »

P. S. « Je joins à ces sept anneaux un anneau encore qu'Hoart fera parvenir à Rochette, et j'en remets un à Alexis. C'est entre leurs deux jours au milieu de la nuit, dans le moment marqué par l'équinoxe, sous l'inspiration de SAINT-SIMON et de la MÈRE que je dis adieu, à ma prison d'Occident, et ce sont eux qui m'y ont tenu depuis un an la plus fidèle compagnie. Dans la communion que ce grand moment établit entre nous, j'aime à rappeler leur place et à les recommander à votre tendre souvenir. »

Dans ces instructions, Enfantin constatait un résultat irrévocablement acquis pour le saint-simonisme et que le temps devait confirmer et accroître de plus en plus, quoique sans bruit et sans éclat. Trente-trois ans ont passé sur la parole du maître, et plus que jamais les disciples survivants peuvent dire, comme lui. « Nos idées *politiques* sont déjà partout, l'éveil *moral et religieux* que nous avons donné est senti : hommes et femmes, publicistes et peuple, tous et toutes *se distribuent notre héritage et le cultivent.* »

Enfantin allait agrandir cet héritage par un acte mémorable de son diaconat suprême, et cette partie de sa succession a été distribuée et *cultivée,* de son vivant, sans qu'il ait élevé la voix pour se plaindre du silence ingrat gardé sur son nom par les heureux *cultivateurs*.

Dans ces instructions, comme dans sa lettre à Barrault, Enfantin faisait aussi une déclaration solennelle et de haute importance ; il retirait à l'égard des membres persévérants de l'apostolat régulier, gardiens la plupart du célibat et du costume, l'abdication qu'il avait écrite dans sa prison et annoncée dans ses lettres. « J'ai quitté ma prison d'Occident, disait-il, et je reprends sur vous mon autorité. »

Entendait-il par là que sa suprématie, un instant voilée, restait toujours comme le type de l'autorité saint-simonienne, comme le modèle et le couronnement de la hiérarchie future? Nullement. Il répétait sans cesse que le pouvoir mâle n'était qu'exceptionnel et provisoire, tant que la femme n'y était pas associée. Mais il regardait comme indispensable que l'apostolat mâle fût soumis à sa direction suprême pour les grandes œuvres du diaconat comme il l'avait été pour celles du doctorat. Les apôtres sécularisés demeuraient d'ailleurs absolument libres dans le choix de leur mode et de leur forme de propagation.

Enfantin quitta le port de Marseille le 23 septembre. Peu de jours après, on lisait dans le *Livre des Actes*, dont Cécile Fournel confia la direction à Marie Talon, en partant pour l'Égypte avec Clorinde Rogé :

« Tous les regards sont maintenant tournés vers l'Orient ; nos vœux accompagnent le frêle navire qui porte les destinées du monde ; DIEU le guide, il ne peut périr ; aussi l'inquiétude n'est-elle pour rien dans notre impatience de savoir ce long voyage. Vous tous qui sympathisez avec notre *foi*, il nous tarde de satisfaire votre intérêt, car vous pensez avec nous à l'HOMME qui vous a donné de si hauts enseignements, et dont la parole a plusieurs fois fait briller de son éclat religieux les pages de ce livre.

» IL vient d'y annoncer la phase présente, la phase d'action et de travail ; en attendant qu'elle se développe et que nous puissions vous dire que par le PÈRE et ses fils la plus grande œuvre industrielle est prête, attend des bras, des hommes de talent et de courage, des femmes dévouées, sentant en elles la puissance d'aller s'associer religieusement, porter leur part d'intelligence, d'activité, d'amour pour tous, nous nous plairons à vous faire connaître le PÈRE, à vous le révéler sous tous les aspects, à vous communiquer des travaux restés manuscrits ; nous fouillerons dans les archives qu'il a confiées à nos soins, dans ces correspondances intimes où il se plaisait à élever ses amis, à les rapprocher de lui en leur enseignant sa FOI. Nous abrégerons les rapports de ces généreux apôtres qui, pendant la captivité du PÈRE, ont courageusement parcouru la France et tant d'autres pays, revêtus des insignes apostoliques ; nous n'avons pu les ajouter à nos pages dans le moment opportun. Beaucoup de vous les ont vus, savent tout ce que la plupart ont montré de vertus, de calme, de persévérance ; combien ils ont souffert de vexations, de privations, en sillonnant le Midi, en y faisant retentir leurs chants religieux, en s'y montrant dans les travaux publics, dans les incendies, les plus actifs, les plus vaillants.... Ils ont préparé ces populations si vives, si animées, à sentir, à comprendre la loi de DIEU.

» Terson avait quitté ses frères. Vêtu d'un costume pittoresque qui fixait sur lui l'attention, il parcourut pendant trois mois le Roussillon et les Pyrénées.

» Je revenais, écrit-il, des vallées d'Andor, pays
» neutre entre la France et l'Espagne ; *don Picard*, syndic des vallées, m'offrit un logement
» et des lettres de recommandation pour les auto-
» rités des lieux que je désirais visiter. Possédant

» la langue roussillonnaise, je pus me faire parfaitement comprendre de ce peuple dont les mœurs sont espagnoles. Je n'avais pas encore vu de pays plus misérable ; le peuple a la prétention d'être libre, et rien ne l'est moins que ses institutions, qui sont encore toutes féodales ; la dîme qu'il paie à l'archevêque et à ses chanoines commence à lui être odieuse.

» Pour aller de France en Andor, il faut traverser un pays de montagnes qui a plus de douze lieues d'étendue ; les collines distribuées irrégulièrement y forment, avec les torrents, les bois et la neige qui dans ces lieux semble être éternelle, un vaste labyrinthe où l'on peut errer longtemps sans rencontrer une seule habitation. J'y ai vécu pendant trois jours de pain, d'herbes et de racines que je recueillais.

» Il y avait deux mois que j'habitais les lieux les plus sauvages des Pyrénées, vivant et travaillant quelquefois avec les charbonniers, leur apprenant quelques-uns de nos chants les plus simples, les enthousiasmant par le récit de ce que DIEU par NOUS promet d'amélioration dans leur sort et de bonheur pour TOUS.

» Je ne me suis jamais séparé de ce bon peuple sans être profondément ému. Il est vraiment doux

» de l'aimer ; il rend avec usure l'amour qu'on lui » donne.

» Le germe saint-simonien que j'ai répandu de» puis Bayonne jusqu'à Perpignan est assez pro» fond pour y fructifier ; plus d'une fois les auto» rités m'ont engagé à exposer publiquement ma » foi.

» Quarante jeunes gens d'un bourg non loin de » Perpignan, que je venais de traverser, me re» cherchèrent dans les environs, me pressèrent d'y » retourner, d'accepter un logement, et me fêtè» rent à l'hôtel ; le lendemain, M. le maire vint » m'inviter de prêcher sur la place publique ; je le » fis sur un balcon qui me servit de chaire. Les » applaudissements de plus de deux mille person» nes m'interrompirent plus d'une fois. Une col» lecte fut faite à mon insu : j'en fis distribuer le » produit aux plus pauvres travailleurs de la com» mune.

» La prison m'attendait à Perpignan. J'arrive » dans cette ville le 31 juillet, à 7 heures du ma» tin ; deux gendarmes à cheval me guettaient sur » le pont-levis ; en même temps un des habitants » les plus recommandables de la ville vint m'inviter » à loger chez lui.

» Amené chez M. le préfet, lorsqu'il eut examiné

» mes papiers, je le prévins que pour parvenir à » *notre but*, qui est l'amélioration du sort des » *femmes* et du *peuple*, la prison, la misère, les » calomnies, la persécution ne nous arrêteraient » pas. Vous avez, lui dis-je, pour vous la force » brutale, nous avons la conscience du devoir.... » Frappé de ces paroles, laissez, dit-il, cet homme » en liberté; ses papiers sont en règle.

» Je reçus dans la journée la visite de plusieurs » hommes distingués et de quelques officiers supé- » rieurs; j'assistai à un banquet de plus de huit » cents personnes; un grand nombre me recondui- » sit à mon logement dans le plus grand ordre. » Le lendemain je fus arrêté, conduit en prison par » ordre de M. le maire; on m'y laissa cinq jours, » au bout desquels l'autorité me fit conduire par » la gendarmerie jusqu'aux frontières du départe- » ment.

» Je parcourus alors tout le pays qui s'étend de- » puis Perpignan jusqu'à Marseille; j'ai traversé » Narbonne, Béziers, Montpellier, Nîmes, Beau- » caire, Tarascon, toujours seul. »

D'autres missionnaires avaient parcouru les dé- partements de l'est et pénétré en Suisse et en Alle- magne. « Ils traversèrent Villefranche, Mâcon, Beaune, Nuits, dit le *Livre des Actes*, ils essayèrent de faire revivre dans Dijon, cette antique capitale de la Bourgogne, l'enthousiasme et le respect pour les femmes, dont ses nobles ducs donnaient un si bel exemple, alors qu'elles exerçaient leur influence dans ces cours élégantes qui fixaient l'admiration de l'Europe.

« Un incendie ayant éclaté, ils déployèrent leur ardeur et leur dévouement... le peuple les admira. Un régiment de ligne qui avait exécuté à Ménilmontant la consigne d'empêcher les amis et les parents des apôtres de s'y réunir, qui, près de Troyes, avait naguère lancé l'outrage aux saint-simoniens, leur porta cette fois les armes. Ils partaient le lendemain : quelques militaires les accompagnèrent pendant trois lieues. En les quittant, ils portèrent des toasts au PÈRE, et chantèrent avec eux ce refrain :

> Plus de sang, de haine et de guerre;
> L'atelier est un champ d'honneur,
> Le travail embellit la terre,
> La gloire attend le travailleur.

» Ces braves leur serrèrent la main; ils les avaient enfin compris.

» Poursuivant leur route par Collonges, ils s'y arrêtèrent pour travailler aux champs... Ils contribuèrent encore à sauver les restes d'un village appelé Brazey, dont les flammes avaient déjà dévoré trente maisons. Une souscription fut ouverte; ils y déposèrent leur obole bien faible, car ils étaient bien pauvres.

» Auxonne, Saint-Jean de Losne, Seurre, Saint-Pierre, Blétran, Lons-le-Saulnier, tout le Jura comme la Bourgogne, furent inondés de leur vie : chants, travaux de la terre, œuvres de l'esprit, ils ont tout prodigué; partout ils ont trouvé des hommes dévoués, des femmes aimantes, prêtes à sentir la coopération qu'elles doivent à leur cause, des témoignages de sympathie, qui les dédommageaient de l'ironie, de l'insulte même du plus grand nombre.

» Voulant visiter la Suisse, passant près de Ferney, ils entrèrent dans ce vieux château et y déposèrent quelques feuillets du livre nouveau, qui furent reçus avec empressement par le jeune propriétaire.

» Voltaire, ton âme fière accueillerait la gloire nouvelle, la gloire pacifique, tu la trouverais plus douce, tu sentirais le besoin de réédifier sur ces débris des temples vieillis que tu as sapés !

» La patrie de Jean-Jacques, je le dis avec regret, les a mal reçus; un temps viendra où Genève écoutera les voix religieuses qui lui reporteront la parole de paix. »

« Massol et Rousseau se dirigèrent vers le Nord; pénétrant en Allemagne, ils essayèrent d'aller tendre la main à ces nobles et dignes enfants de la Germanie, dont le cœur est prêt à saisir tout ce qui apparaît de grand, de beau, de généreux. Traversant le duché de Bade, le Würtemberg, les bons Allemands méditatifs, avides de science, de progrès, les voyaient avec un intérêt croissant, une bienveillance marquée. Arrêtés par les ordres d'un roi poète, qui fit chasser nos artistes de ses États, l'un d'eux, Rousseau, inspiré d'une noble indignation, toisant la taille de sa lyre et de son caractère royal, sut, en quittant la Bavière, lui adresser un haut enseignement historique et religieux.

» — Alger vient d'avoir son coup d'œil; un de nos correspondants m'écrit que Rogé et Massol y ont produit le meilleur effet.

» — BARRAULT, on le sait, entouré d'hommes animés de son audace, de sa dignité, est allé jusque sous les voûtes de Sainte-Sophie, près des hautes murailles des harems, dans Péra, Stamboul, Constantinople, annoncer à haute voix la paix universelle, la liberté des femmes et du peuple; on sait avec quelle brutalité il en fut éloigné.

» Après avoir visité Scio, Mételin, Ténédos, la Grèce, Chypre, le mont Liban où ils ont vu lady

Stanhope, Rigaud, Toché, Tourneux se sont rembarqués pour revenir en France.

» David a fait entendre sa mélodie religieuse, sa rêveuse harmonie jusque dans l'Archipel ; fils tendre, il préparait dans une de ses îles de nouveaux chants, une nouvelle langue pour célébrer le PÈRE ; lui qui sut toucher les cordes de sa grande âme par les suaves accents qui attiraient la foule à Ménilmontant.

» Tous ces hommes ont déposé le costume ; ils sont à DIEU, au PÈRE, aux *femmes*, ils attendent le signal qui leur permettra d'aller à LUI, vouer tout ce qui leur reste d'amour, de force et d'intelligence ;

» Se mettre au *travail*. Ils se sont montrés dans les villes, les bourgs, les hameaux... Ils ont parcouru les montagnes, les plaines, les vallées, les grandes routes... répété aux échos leur mission *divine*... Que ceux qu'ils en ont pénétrés continuent à répandre leurs théories religieuses et politiques ; le TRAVAIL, le TRAVAIL, voilà l'enseignement vivant qu'ils perpétueront.

» Avant de clore ces récits qui ont dû souvent toucher nos lecteurs, ajoute le *Livre des Actes*, nous voulons donner une lettre d'un Savoyard, qui paraît mériter une distinction, puisque seul, sans appui que sa foi, ni la persécution ni l'amour filial bien senti n'ont pu vaincre sa religieuse énergie, sa persévérance.

« Paris, 20 octobre 1833.

» Le PÈRE est loin de nous; les apôtres le suivent ou sont dispersés; en leur absence, je pense que c'est à vous, madame, chargée de publier nos vies et nos actes, que tous doivent adresser leurs rapports. Je rentre en France et je me hâte de vous transmettre le mien, vous priant d'en disposer comme vous le jugerez convenable.

» J'avais suivi pendant longtemps les enseignements et prédications, lu tous les ouvrages publiés; la foi saint-simonienne m'exaltait l'âme, je brûlais de la répandre, et je résolus de retourner dans la Savoie, mon pays natal, que je savais livré à l'anarchie et placé sous le joug du despotisme; j'y connaissais des hommes doués d'une âme ardente, disposés à goûter les grandes et généreuses pensées d'amélioration, de perfectionnements sociaux, capables de vouer leur vie à les propager et de partager avec moi les dangers attachés à l'apostolat.

» J'arrivai à Chambéry; un grand nombre d'anciens amis goûtèrent avec enthousiasme toutes les instructions que je leur donnai; je formai des réunions et parvins en très-peu de temps à y faire des prosélytes chaleureux. Les trouvant assez avancés pour propager eux-mêmes, je partis pour Lhôpital où j'avais aussi beaucoup de connaissances; j'y obtins les mêmes succès; j'y prêchai partout. Je ne tardai pas à être entouré des hommes les plus avancés dont je ranimai le courage en faisant entrer dans leur cœur l'espoir d'un meilleur avenir. J'arrivai enfin chez mes parents qui habitent une campagne près de Moutiers; quoique obligé de m'y livrer à la culture des terres, je donnais néanmoins beaucoup de temps à la propagation de mes principes religieux; je m'occupais de les répandre dans ma paroisse et dans toutes celles qui l'environnent.

» Je formai des groupes dans chacune d'elles; je consacrai les dimanches à les visiter, et le nom de SAINT-SIMON retentit bientôt dans tout le pays. On venait en pèlerinage pour demander des renseignements; je prêtai le peu de livres que je possédais, et j'écrivis à Paris pour en demander un plus grand nombre. Alors le PÈRE SUPRÊME était captif... La première réponse que je reçus d'un de ses fils m'annonçant un envoi de livres (qui ne me parvint pas) me peignait la gêne pécuniaire qui paralysait l'action générale, et aussi l'ardeur, le courage des apôtres; le mien redoubla, je criai haut ma *foi*.

» Les jésuites et les prêtres, tout puissants dans la malheureuse Savoie, effrayés des progrès que mes principes religieux et politiques faisaient dans ce pays, répandirent des calomnies de tout genre contre moi, exaltant des absurdités que la malveillance avait accréditées en France contre des hommes que la postérité bénira.....

» Du haut de la chaire où il ne devrait retentir que des paroles d'union, de charité et de tolérance, j'étais représenté comme un homme immoral, un perturbateur; l'anathème était lancé contre moi, j'étais voué à l'enfer...

» Mes amis prenaient ma défense; l'attention fut plus que jamais éveillée; me rappelant alors une des magnifiques prédications de BARRAULT, je leur rendis grâces; DIEU se sert de toutes les voies pour frayer la route à ses envoyés...

» Le clergé ne tarda pas à s'apercevoir des progrès qu'il contribuait à me faire faire; il tint une assemblée présidée par l'évêque de la Tarentaise; on y résolut de se saisir de moi, de me faire enfermer dans un cachot, et de faire des enquêtes pour s'assurer de tous les prosélytes que j'avais faits. Des amis me prévinrent et me supplièrent de quitter le pays;

j'écrivis à Paris pour prendre les ordres de mes PÈRES, je ne reçus pas leur réponse, ma correspondance était interceptée. Livré à ma spontanéité, je résolus d'attendre la persécution et de la souffrir en digne apôtre.....

» Le jour de Noël, le curé de ma paroisse m'écrivit qu'il me priait d'aller chez lui après la messe; je me rendis à son invitation, et le dialogue suivant s'établit entre lui et moi.

» —Vous êtes saint-simonien, monsieur Similion, vous ne pouvez le nier, car je tiens des lettres de vous et de vos correspondants.

» — Monsieur le curé, vous n'aviez pas besoin de ces attestations, je proclame ma *foi* partout et ne la nie jamais.

» — C'est une chose étonnante ; vous étiez, Similion, un fervent catholique, j'en possède encore un témoignage évident; vous me fîtes cadeau d'une croix que j'ai toujours conservée à cause de l'estime que vous m'aviez inspirée par votre conduite, votre dévouement à la foi de vos pères; et vous l'abandonnez.

» —Tant que j'ai cru que la religion catholique pouvait faire le bonheur de l'humanité, amener les hommes à la fraternité, à l'association voulue par DIEU, je fus un bon chrétien, et j'aurais tout sacrifié pour cette religion. Convaincu aujourd'hui que plus elle voudra s'imposer au siècle dont la civilisation l'a devancée, plus il y aura malaise et souffrance, j'ai quitté ma vieille religion en la glorifiant de tout le bien qu'elle a fait dans le passé, et j'en ai embrassé une que je considère comme le développement nécessaire du christianisme, et que je crois destinée à pacifier le monde quelles que soient les entraves qu'on apporte à ses développements.

» — Vous renoncez au baptême qui vous a été donné ; vous êtes donc un païen, un apostat?

» — Oui, je le suis comme saint Paul, qui, frappé de l'immense progrès que la religion catholique devait faire faire à l'humanité, n'a pas craint d'apostasier les croyances de ses pères, et d'embrasser une grande et noble vie de dévouement, et de se faire alors l'apôtre de la foi nouvelle.

» — Mais saint Paul avait reconnu la divinité de notre religion, et la vôtre n'a point de base.

» — La base de ma religion est posée dans toutes les conceptions religieuses du passé, elle les résume toutes, elle est la volonté de DIEU qui se révèle incessamment aux hommes, qui veut que les progrès se développent à mesure qu'ils sont capables de les comprendre et de les pratiquer. Le christianisme, par sa conception de DIEU pur esprit, a rejeté en dehors de DIEU, et par conséquent anathématisé la chair ; notre foi qui a pour symbole DIEU EST TOUT CE QUI EST, tout est EN LUI, tout est par LUI, tout est LUI, notre foi ralliera tous ceux qui n'avaient point accepté la religion catholique, tous ceux qui la professent encore, comme tous ceux qui s'en sont séparés.

» — Vous prétendez établir l'égalité : alors vous découragez le travail ; jugez comme je travaillerais avec courage s'il fallait que j'en partageasse le produit avec des paresseux.

» — Nous ne prétendons point établir une semblable égalité ; nous voulons qu'une éducation générale, commune à tous les hommes et à toutes les femmes, développe chaque intelligence, qu'ensuite une fonction soit donnée à chacun selon son aptitude spéciale ; en un mot, nous croyons que le temps est arrivé de réaliser cette parole de Jésus : « *Un temps viendra où chacun de vous aura sa part dans le boisseau de blé.... où tous seront récompensés selon leurs œuvres.* » Ces promesses que Christ faisait à ceux qui, « *incapables de porter d'autres paroles,* » n'en attendaient la réalisation que dans une vie mystique, ces promesses,

DIEU veut, par son nouveau *Messie*, les accomplir aujourd'hui sur la terre.

» — Comment prétendez-vous pouvoir constater les capacités ? Chacun se croira aussi capable que celui qui aura un emploi au-dessus de lui ; comment pourrez-vous discerner les intelligences, les aptitudes diverses ?

» — De la même manière qu'un laboureur, qui, après avoir cultivé ses terres, reconnaît que dans l'une on peut planter la vigne, dans l'autre semer du blé, dans une autre du seigle ; quant à la soumission que nous attendons de l'inférieur pour le supérieur, nous la fondons et sur l'affection qu'aura le supérieur pour l'inférieur, et sur la force vitale qu'aura ce nouveau droit *divin* du *libre avénement* de la *capacité*. Vous, monsieur le curé, prêtre de J.-C., auriez-vous donc oublié que le catholicisme dut toute sa splendeur et sa durée à sa hiérarchie élective ? Devrai-je vous mettre sous les yeux aussi cette vaste société militaire où le classement s'exerce (imparfaitement sans doute), mais s'exerce enfin avec ordre et soumission sur des hommes armés de glaives. Que ne serait-ce donc pas dans une société pacifique où le travail et le salaire, donnés à tous, vivant d'une même vie religieuse, remplaceraient les inégalités choquantes de l'*oisiveté opulente* et de la *misère héréditaire*, par une large prévoyance sociale qui garantirait à chacun *éducation*, *fonction*, *salaire* et *retraite?* c'est alors que la famille humaine se constituera; reflet du DIEU qui préside à ses destinées, elle reproduira par ses artistes, ses savants et ses industriels, cette sainte *trinité*, magnifique symbole de la puissance divine; l'artiste, homme social, cessera d'être à la solde du bourgeois et sera appelé à faire passer en tous cette vie d'émotions dont DIEU lui a donné la puissance; le savant et l'industriel, désormais unis dans une communauté d'efforts, doteront le monde de leurs découvertes, de leurs travaux bienfaiteurs: les machines se multiplieront, et loin d'être comme aujourd'hui une cause de misère pour l'ouvrier, elles épargneront de plus en plus à l'homme les travaux pénibles et rebutants qui font encore obstacle au développement intellectuel du plus grand nombre.

» — Ah! vous voulez établir le *paradis sur la terre*, vous ne le pourrez jamais, c'est un beau rêve.

» — Lorsque les disciples de Jésus vinrent dire au milieu de Rome que tous les hommes étaient égaux devant DIEU, que tous étaient frères en dépit du paganisme, des principes de Platon et d'Aristote, les patriciens tournaient la tête avec un sourire dédaigneux et prenaient ces hommes pour des fous, et cependant l'esclavage fut peu à peu détruit dans tous les pays où s'étendit l'influence civilisatrice du catholicisme.

» — Je reviens sur votre morale qui est horrible; des théories infâmes sont répandues et pratiquées; vous n'ignorez pas toutes les horreurs qui se sont passées dans le Midi: des femmes ont été les victimes de vos apôtres, des esprits faibles ont été captés, dépouillés de leur fortune..... Vous qui êtes un homme moral, comment pouvez-vous enseigner de telles erreurs?

» — Je vois, monsieur le curé, que vous ne connaissez le saint-simonisme que d'après les calomnies répandues contre lui.

» En face des misères morales et physiques du monde, en face de la prostitution et de l'adultère, ces lèpres nouvelles des natures païennes et chrétiennes qui luttent et protestent, le PÈRE a senti que ce n'était pas en comprimant, refoulant les passions, mais en les dirigeant vers un but social, que l'on pouvait donner paix et bonheur à tous. Quand Jésus donna sa loi, le monde était plongé dans l'orgie du matérialisme; si en face d'un tel désordre il eût voulu sanctifier la chair, il aurait mis une arme tranchante dans les mains d'un enfant; le

PÈRE veut harmoniser, unir les natures semblables, et enseigner aux natures contraires à ne point se repousser ; IL appelle le monde à une grande *unité* religieuse, pacifique et industrielle, et pour cela IL a foi que les femmes seules auront pouvoir de faire cesser les haines et les luttes qui le déchirent : cette puissance elles la puiseront dans la beauté, les grâces, les sympathies que DIEU *bon* et *bonne* a mises en *elles* : quant à la réglementation des rapports des hommes et des femmes, le PÈRE a posé des théories avancées que la *femme* et les *femmes* sont appelées à résoudre ; en attendant qu'elles répondent à ce saint appel, les Apôtres gardent le célibat ; loin de détruire le mariage, comme on l'a dit, nous voulons au contraire que les sympathies seules le déterminent, que les femmes, appelées au partage des fonctions sociales, deviennent les égales de leurs époux ; qu'elles soient mariées et non vendues ; nous voulons surtout que la fille du peuple ne soit plus l'objet du bon plaisir du féodal moderne, du riche ; est-ce là de l'immoralité ?

» A l'égard des accusations calomnieuses portées contre nous, monsieur le curé, lorsque le catholicisme était encore dans son berceau, que les apôtres étaient obligés de se réfugier dans des catacombes pour y adorer leur DIEU, on les accusait de faire des sacrifices humains, d'immoler des enfants; les incendies, les brigandages de l'empire leur étaient imputés. Ne concevez-vous pas que les enfants de Saint-Simon soient aussi exposés à de nouvelles calomnies?

» J'abrége le récit de ce dialogue; M. le curé me tourna le dos, me menaçant avec colère, et quoiqu'il m'eût assuré que cette conférence ne transpirerait pas, je m'attendis que les persécutions allaient éclater.

» DIEU qui m'avait inspiré ma mission en Savoie, avait aussi mis en moi le courage, la force morale nécessaire pour les supporter; j'étais au-dessus de tout ce qui pouvait m'arriver: j'attendis avec calme.

» Deux jours après, trois carabiniers, après avoir été prendre les ordres de M. le curé, entourèrent la maison de mon père que j'habitais; je me présentai à eux, leur demandant qui ils cherchaient: citant mes nom et prénoms, je leur dis que c'était moi: alors ils fouillèrent partout, prirent mes livres et ma correspondance, et me mirent les fers aux mains..... Vous l'avouerai-je, ce moment fut bien cruel; ma mère, qui me chérissait, fondait en larmes. J'eus beau prier les carabiniers de lui épargner ce triste spectacle, de ne me mettre les fers que loin du toit paternel, mes prières furent inutiles, leurs ordres étaient formels; mon calme les étonna, et ce fut la seule chose qui rassura ma pauvre mère. Amené à la prison de Moutiers, je fus mis dans un cachot. Le bruit de mon arrestation se répandit bientôt dans tout le pays; mes amis s'unirent à mes parents pour solliciter mon élargissement : tout fut inutile.

» Deux mois s'étaient écoulés sans que je pusse prévoir le sort qui m'attendait. Un jour, on m'avertit que l'évêque viendrait me visiter et conférer avec moi sur le saint-simonisme; au lieu de lui, se présenta M. Dutour, sous-prévôt et archi-chancelier. Notre conversation dura trois heures; la discussion fut vive et animée; il finit par me dire que le seul moyen de recouvrer ma liberté était de faire une rétractation publique; il me l'apportait toute rédigée, et employa les promesses et les menaces pour me la faire signer : je repoussai avec énergie une telle proposition; il me quitta en me menaçant de me laisser périr en prison; je lui tendis la main et lui dis que je m'attendais à tout.

» Ma famille m'obsédait de supplications et m'engageait à me soumettre à la force des circonstances; j'étais bien plus sensible à ses prières, mais rien ne m'ébranla.

» Les portes de la prison étaient encombrées de visiteurs ; le clergé craignant que ma présence dans cette province n'excitât quelque tumulte, résolut de me faire partir pour Fénestrelle, affreuse prison d'état. Vous exprimer la douleur profonde de ma famille, de mes amis, serait impossible. Nos adieux furent déchirants... ils ne croyaient plus me revoir... je tâchai de les rassurer. Deux de mes parents voulaient me suivre jusqu'à Chambéry où ils espéraient me déterminer à une rétractation formelle... Toute la ville était occupée de cette affaire.

» Deux femmes que je connaissais à peine, mesdames Duplan, sœur et épouse de l'avocat que m'avaient choisi mes parents (qu'elles me pardonnent de tracer ici leurs noms), pénétrèrent dans ma prison, vinrent me prévenir que l'intérêt était général pour moi, qu'elles emploieraient leur crédit pour éviter ma translation, pour m'arracher des mains des prêtres.

» J'avais mis huit jours pour faire la route; arrivé, on me mit dans un cachot froid et humide ; j'y souffris la faim, la misère... j'étais entouré de malheureux bien plus à plaindre puisqu'ils n'étaient pas soutenus par ma *foi* ; je tâchai de la leur inspirer et de les encourager. Je leur dis que ces horribles prisons seraient un jour transformées en ateliers, et ces verrous en instruments de travaux ; je tâchai de leur faire entrevoir un avenir plus heureux. Sur ces entrefaites, Mme Duplan m'expédia un homme sûr; il vint m'apprendre que le jour même de mon départ elle avait été se prosterner devant le tribunal assemblé; dans cette humble attitude, elle avait courageusement fait l'éloge de mon caractère, de ma conduite, supplié le tribunal d'écrire au sénat de Chambéry pour lui demander de se saisir de ma cause. Le président releva ma bienfaitrice, prit la parole au nom de tous et promit que la demande serait prise en considération et adressée immédiatement à Chambéry. Cet homme généreux me félicita d'être sauvé des mains de ce qu'il appelait la *bande noire*.

» Le sénat voulut me protéger, mais il craignait de se compromettre. Comme on ne peut mettre à la pistole un prisonnier qui n'a pas encore été interrogé, il envoya un de ses membres pour me faire quelques questions; j'y fus immédiatement transféré; j'y restai deux mois au bout desquels je comparus.

» Je proclamai ma foi : on me fit reconnaître les lettres qui avaient été interceptées ; un membre me dit qu'aucune des craintes que j'avais manifestées dans l'une d'elles ne se réaliseraient; que le sénat n'était pas l'inquisition; que la prison de Fénestrelle ne serait pas fermée sur moi, et que ma correspondance et toutes les enquêtes faites à mon sujet avaient prouvé la pureté de mes intentions et la force de ma conviction religieuse.

» Ils me condamnèrent à quatre mois de prison et aux frais pour toute peine, m'enjoignant de cesser toute propagation dans ce pays.

» Ce temps enfin écoulé, je courus à Moutiers embrasser ma mère, mes amis, et remercier ma bienfaitrice. Je revins en France pour prendre les ordres de mes PÈRES. Ils sont partis... un frêle navire les porte au loin... Je me livre au travail en attendant leur appel ou qu'une nouvelle mission apostolique se révèle à moi.

» Savoie, ma terre natale, tu renfermes de bien chers objets de mon affection, beaucoup d'hommes, de femmes, y ont compris la parole d'avenir; je t'y ai laissée, ma mère : puisse la lumière nouvelle luire bientôt pour toi, puissent tes gouvernants permettre à des hommes vraiment religieux, pacifiques, d'aller répandre la parole d'espoir, de paix, d'amour, de vie, d'aller relever tant d'âmes abattues, découragées?... Dieu puissant, inspire à ceux qui se disent encore tes *prêtres* la tolérance, la charité, la bienveillance, en attendant que ta bonté fasse luire pour tous l'heureux avenir que tu nous a promis par ton ÉLU. »

« SIMILION, rue des Nonaindières, n° 29. »

« Similion! dit la saint-simonienne qui inséra ce récit dans le *Livre des Actes*, vous êtes un bon et digne apôtre, vous avez, avec une persévérante énergie, enseigné votre foi en conservant les égards dus aux hommes de l'autorité : merci et gloire à vous! votre rapport sera mis sous les yeux du PÈRE et conservé dans nos annales. Je vous recommande à l'amour de tous. »

En ce temps-là, les saint-simoniens de la capitale ne laissaient pas non plus refroidir leur ardeur religieuse et dormir leur foi.

« Le dimanche 6 octobre, dit encore le *Livre des Actes*, la famille de Paris s'est réunie pour la première fois dans une des salles du *Prado*.

» Vinçard, aidé de deux membres de la famille, qui toujours se sont occupés avec tant de dévouement de donner un caractère religieux à nos petites fêtes, délassements de nos bons prolétaires, et dédommagement des travaux de la semaine, avait redoublé d'efforts pour que les plaisirs y fussent variés; une modique rétribution de 75 centimes procura une salle convenable, un bon orchestre et même des raffraîchissements. Les danses animées furent parfois suspendues par de beaux chants religieux, dûs à Mercier et à Vinçard, nos apôtres chansonniers. Quelques bourgeois s'étaient réunis à la famille, et ont dû être touchés de la sympathie et de l'affection qui l'unissaient. On y parlait du PÈRE, des apôtres qui le suivent, avec ce pieux respect, cet enthousiasme religieux qui étonnait ceux qui ne comprennent pas encore assez sa vie pour l'admirer et le bénir ; chacun promettait de se rendre digne de répondre à son appel, d'aller prendre sa part du travail sous sa *sainte autorité;* les femmes surtout, heureuses d'espérer que l'heure de l'activité, de l'action sociale était enfin venue pour elles, avaient un air de joie pure et douce, de bonheur qui ne brille pas toujours sur leur physionomie. Merci à vous qui consacrez quelques heures de vos veilles à préparer pour la famille ces plaisirs que nous sanctifions, qui savez par votre influence y imprimer le bon ton, la décence, les égards qui distinguent une société vraiment religieuse. »

C'est aussi vers cette époque des actes et des chants primitifs du culte nouveau, que la famille saint-simonienne de Paris voulut offrir un témoignage d'admiration et de sympathie au génie de la femme qui mettait si vivement en lumière, dans ses œuvres, les plaies sociales dont le sexe le plus faible et la classe la plus nombreuse et la plus pauvre ont tant à souffrir. Madame George Sand, touchée de cet hommage, y répondit par la lettre suivante :

« *A la famille saint-simonienne de Paris.*

» Ne pouvant vous remercier chacun séparément aujourd'hui, permettez, frères, que je vous remercie collectivement en m'adressant à Vinçard. Vous avez eu pour moi de la sympathie et des bienveillances pleines de charmes et de bonté. Je ne méritais pas votre attention et je n'avais rien fait pour être honorée à ce point. Je ne suis pas une de ces âmes fortes et retrempées qui peuvent s'engager par un serment dans une voie nouvelle. D'ailleurs fidèle à de vieilles affections d'enfance, à de vieilles haines sociales, je ne puis séparer l'idée de RÉPUBLIQUE de celle de RÉGÉNÉRATION. Le salut du monde me semble reposer sur NOUS pour détruire, et sur VOUS pour rebâtir. Tandis que les bras énergiques du républicain feront la VILLE, les prédications sacrées du saint-simonien feront la CITÉ. Je l'espère ainsi. Je crois que mes vieux frères doivent frapper de grands coups; que vous, revêtus d'un sacerdoce d'innocence et de paix, vous ne pouvez tremper dans le sang des combats vos robes lévitiques. Vous êtes les prêtres, nous sommes les soldats; à chacun son rôle, à chacun sa grandeur et ses faiblesses. Le prêtre s'épouvante quelquefois de l'impatience belliqueuse du soldat, et le soldat à son tour raille la longanimité sublime du prêtre. Soyons tranquilles sur l'avenir. Nous tomberons tous à genoux devant le même Dieu, et nous unirons nos mains dans un saint transport d'enthousiasme le jour où la vérité luira pour tous; la vérité est une.

» En attendant, je chanterai au diapason de ma voix, et mes enseignements seront humbles, car je suis l'enfant de mon siècle; j'ai subi ses maux, j'ai partagé ses erreurs. J'ai bu à toutes les sources de vie et de mort, et si je suis plus fervente que la masse pour désirer son salut, je ne suis pas plus savant qu'elle pour lui enseigner le chemin. Laissez-moi gémir et prier sur cette Jérusalem qui a perdu ses dieux, et qui n'a pas encore salué son Messie. Ma vocation est de haïr le mal, d'aimer le bien, et de m'agenouiller devant le beau.

» Traitez-moi donc comme un ami véritable. Ouvrez-moi vos cœurs, et ne faites point d'appel à mon cerveau, Minerve n'y est point et n'en saurait sortir. Mon âme est pleine de contemplation et de vœux, que le monde raille, les croyant irréalisables et funestes. Si je suis porté vers vous d'affection et de confiance, c'est que vous avez, en vous, le trésor de l'espérance et que vous m'en communiquez les feux, au lieu d'éteindre l'étincelle tremblante au fond de mon cœur.

» Adieu. Je conserverai vos dons comme des reliques. Je parerai la table d'où j'écris, des fleurs que les mains industrieuses de vos sœurs ont tissées pour moi. Je relirai souvent le beau cantique que Vinçard m'a adressé, et les douces prières de vos poëtes se mêleront dans ma mémoire, à celles que j'adresse à Dieu chaque nuit. Mes enfants seront parés de vos ouvrages charmants, et les bijoux que vous avez destinés à mon usage leur passeront comme un héritage honorable et cher. Tout mon désir est de vous voir bientôt et de vous remercier par l'affectueuse étreinte des mains. »

» A vous de cœur. George Sand. »

XXVIII

(1833)

(Octobre - Décembre.)

Les cantiques saint-simoniens avaient retenti aussi et retentissaient encore en Orient. Barrault et David s'étaient fait entendre aux populations grecques, juives et musulmanes, depuis le Bosphore jusqu'aux côtes de Syrie et d'Égypte, et Enfantin avait débarqué à Alexandrie. C'est de là que Lambert adressa à sa sœur le récit de la traversée du Père, que nous reproduisons d'après *le Livre des Actes*.

Lambert à sa sœur.

« Alexandrie. — 1er novembre 1833. — Michel Saint-Simon. — Vendredi, jour du Seigneur pour les Mahométans; le 18e jour de la lune de djemasi-al-sarci (lune des deuxièmes gelées), de l'an 1249 de l'hégire.

« Tu dois voir, ma bonne Sophie, que nous sommes dans ce pays bizarre pour l'Europe, où tout est neuf pour nous, depuis le calendrier jusqu'au moindre usage ; tu dois t'attendre, de plus, à une longue lettre, car avec un titre comme celui-là, il faudrait, dirait le farceur Potier, être bien paresseux pour ne pas faire au moins une pièce en cinq actes. La pièce sera donc assez étendue, mais elle n'aura que deux actes, ou même qu'un acte principal, notre traversée de Marseille à Alexandrie : le deuxième acte sera plutôt un prologue pour une pièce à venir.

» Nous avons levé l'ancre pour quitter le port de Marseille, le 23 septembre, à quatre heures du matin, jour de Saint-Simon et de Rochette, et nous sommes sortis en rade à peu près à sept heures vingt-quatre minutes, moment astronomique de l'équinoxe d'automne. Cette circonstance serait, pour le *monde*, une explication suffisante de la longueur et des désagréments de notre voyage ; pour nous, il faut encore un sens *humain* à ce fait..... et ce sens se développera de plus en plus. Le 23 octobre, à cinq heures du soir, nous étions dans le port d'Alexandrie ; et, à sept heures moins un quart, Fournel et moi étions à terre, dans la chambre d'où je t'écris, après trente jours et demi de navigation. J'espère que cette lettre, commencée neuf jours après notre arrivée, partira bientôt, j'espère, mais cela dépend du départ pour Marseille de quelque bâtiment ; et ce fait est toujours incertain.

» Je joins à ma lettre le plan de notre course. La ligne à traits interrompus..... est le chemin du bâtiment. Les points sur cette ligne marquent nos positions à midi du jour dont la date est auprès.

» Nous avons aperçu, en passant, les côtes de la Sardaigne, de la Sicile, l'île Pantalerie, l'île Maritimo et les voisines près de la Sicile, l'île Ustica, les îles Lipari, Messine et la Calabre, l'écueil de Scilla et, de l'autre côté, le tourbillon de Charybde, Candie (l'ancienne Crète), et, enfin, la côte d'Afrique, avant d'arriver à Alexandrie. La petite carte te permettra de suivre parfaitement notre ligne ; elle est assez exacte, et je te prie de la conserver avec ma lettre. Tu dois voir de suite, par les détours sans nombre, par les bordées que nous avons été forcés de faire, combien nous avons été tourmentés. Vent contraire et violent, bourrasques, tempêtes, calme plat, vagues furieuses qui nous visitaient très-souvent, rien ne nous a manqué, et notre initiation a été complète, en mal du moins.

» Je fus d'abord un peu étourdi du mouvement nouveau pour moi, de ce terrible roulis qui vous permet difficilement de vous tenir en place, de l'air vif et humide, de l'odeur du bâtiment et de la mer ; mais les circonstances de notre départ, nos pensées d'avenir, nos souvenirs pleins d'une douce tristesse, m'avaient élevé à un ton où le mal de mer ne pouvait monter.

» Depuis le 20, j'étais à bord, avec Ollivier et Holstein, pour préparer notre demeure, c'est-à-dire une très-petite chambre à l'entrepont avec trois minimes cabinets dont le plus grand pour le Père, et les deux autres pour Fournel et moi.

» Le 22 soir, à sept heures, le Père, suivi de Fournel, en uniforme d'ingénieur des mines, et de Petit, accompagné d'Hoart, Bruneau, Roger, Massol, Meunier (matelot saint-simonien à bord du

César), Gouré et Michon, ouvriers tailleurs saint-simoniens, et quelques autres, arriva au bâtiment. Je l'attendais en uniforme d'ingénieur des mines, rasé entièrement, à l'exception de la moustache et des longs cheveux, avec Ollivier et Holstein. Nous passâmes la nuit sur le pont : on chanta le Salut du Père et l'air de Talabot. En nous quittant à la rade, Roger, Massol, etc., Bruneau et Hoart, en bourgeois, entonnèrent l'Appel dans leur barque, et bientôt nous ne les vîmes plus.

» Le lendemain de notre départ, je payai à la mer mon tribut. Nous étions tous un peu remués, et le Père même voulait prendre ma place afin d'être plus à l'aise pour l'opération. Ollivier avait déjà commencé. Ce fut pour moi l'effet d'une bonne prise d'émétique. Le mercredi et le jeudi, c'est-à-dire le 25 et le 26, je ne pouvais me tenir sur le pont ; et, pour manger, ce que je n'ai pas cessé de faire, je fus forcé d'y rester. La tête me tournait très-légèrement, et les reins fléchissaient un peu. Le samedi, jour du Père, et le lendemain de mon lever, c'était fini ; et cependant je n'étais pas très-vigoureux. Depuis j'ai toujours grandi en santé. Les mets qui n'étaient pas très-bons me paraissaient très-acceptables, et à part le 9 octobre, au commencement d'une bonne bourrasque qui me rendit plus malade et me fit perdre ma casquette, la pauvre casquette d'Hamoir, je n'ai qu'à me réjouir et à remercier Dieu de la manière dont j'ai traversé cette singulière initiation de la mer. Ollivier le premier, et, après moi, Petit, Fournel, Holstein, ont passé par l'épreuve. Ollivier y a été trois jours. Le Père n'a pas été jusque-là.

» Holstein a eu, lors de notre bourrasque de Sicile, un mal nerveux assez fort : il souffrait beaucoup. Du reste, aucun de nous, et cela devait être, n'a eu de ces moments de désespoir qui accompagnent ordinairement le mal de mer et en sont presque toujours le caractère.

» Nous avons su depuis que le pauvre Duguet avait été dix-huit jours malade sur dix-neuf de traversée; il était parti deux jours avant nous, sur l'*Égyptien*, pour nous préparer les voies.

» Les insectes nous ont fait souffrir, surtout Holstein.

» Le baptême d'eau salée ne nous a pas non plus fait faute ; nous avons été mouillés jusqu'aux os.

» Quant à notre nourriture, malgré les prévenances sans nombre et le zèle de notre capitaine, nous ne pouvons vraiment pas dire qu'elle fut bonne. Pas de beurre, d'assez mauvaise huile, du bœuf, du mouton, des poules bouillies, quelquefois rôties, des biscuits de mer assez souvent au lieu de pain, du vin qui avait envie d'être potable, mais qui, je crois, avait le mal de mer; du café passable, quelques fritures, du poisson salé ou que nous pêchions en marchant, force pommes de terre, œufs, haricots, noix, fromage, quelques mauvaises pommes de Sicile, du raisin sec, des figues, quelques oranges, raisins et figues fraîches de Messine, voilà, je pense, la description ou plutôt l'énumération assez exacte de notre *victuaille* (style élevé).

» Nous avons été sans voir ni terre ni voiles plusieurs jours de suite, et jusqu'à dix jours, du 8 octobre au 18; j'ai éprouvé alors un sentiment indéfinissable d'isolement et d'immensité.

» Le 18, jour du Père, nous avons aperçu la première terre de la domination égyptienne, l'île de Candie, et une voile venant d'Alexandrie. Depuis le 17, le vent avait commencé à nous pousser favorablement, mais ce jour il prit son caractère définitif de bon souffleur. Tous les circuits que tu suivras sur la carte de cette lutte occidentale cessèrent, et depuis, à part la difficulté d'entrer dans le port d'Alexandrie, notre route est droite.

» Si notre course eût été ce que voulait le capitaine, je n'aurais presque rien à dire de ce que nous avons vu. Les côtes de la Sardaigne, de très-loin, ou du moins peu intéressantes là où nous les avions devant nous ; la petite île de Pantalerie, Maritimo avant, puis Malte, et d'assez vagues montagnes de la Sicile, c'eût été toute notre affaire de terres. Mais le 1er octobre, le vent *sirocco* (tel est son nom sur la Méditerranée), le vent du sud-est devint on ne peut pas plus désagréable ; il fallut renoncer à passer dans le canal de Malte, de peur d'être jeté sur la côte de Sicile, revenir sur Maritimo et longer toute la partie nord de la Sicile. L'aspect de ce beau pays nous consola un peu : l'Etna dans le lointain, ce volcan fumant à neiges éternelles, et Strombelli, une des îles Lipari, autre volcan ; Messine la belle et les riches et verdoyants coteaux qui environnent la jolie ville de Reggio, dans la Calabre; tout cela nous fit bien. Ollivier alla jusqu'à terre avec le capitaine en second ; il rapporta quelques provisions de Messine et voulut faire passer quelques lettres pour vous, ce fut en vain ; et cependant que d'inquiétudes nous vous aurions évitées par là : on ne reçoit pas de lettres de bâtiment qui n'a pas jeté l'ancre.

» Le détroit de Messine est célèbre pour les dangers dans la navigation ancienne. Tu te rappelles le proverbe, *tomber de Charybde en Scylla ;* j'ai vu ce rocher fameux contre lequel les navires allaient se briser; aujourd'hui c'est comme un jeu; les pilotes de Messine qui vous guident pour une vingtaine de francs, vous font, sans coup férir, passer l'endroit naguère fatal. D'ailleurs la traversée en général, de Marseille à Alexandrie, est aujourd'hui si bien connue, et par suite si peu dangereuse dans les cas ordinaires, que, depuis dix ans, il n'y a pas d'exemple de bâtiments perdus; c'est ce que nous a affirmé un armateur d'Alexandrie. Pour nous, il est vrai, la navigation n'a pas été tout à fait ordinaire, et nous avons eu certains instants agréables : le 10 octobre, par exemple, après un gros temps et une bourrasque qui durait depuis trente heures, le timon de notre gouvernail fut brisé; je t'assure que le caractère menaçant de ce fait, la nuit très-mauvaise qui le suivit, lorsque du reste, et bien heureusement, l'avarie fut réparée, était peu propre à nous égayer beaucoup. Notre foi était ferme, mais elle nous ordonnait de nous disposer à tout : ce que nous fîmes. Le lendemain 11, la tempête cessa à sept heures du matin; la nouvelle lune arrivait le 13, et, quoique la science n'ait pas dit son mot précis sur le changement de temps qui accompagne chaque phase, ou du moins sur l'influence météorologique de la lune, nous espérâmes empiriquement, et ce ne fut pas trop à tort. Le mercredi 16 octobre, anniversaire de la mort d'Augustin Enfantin, à Naples, nous eûmes la menace d'une tempête : c'était seulement une menace; le vent s'apaisa, tourna, et devint bon le 18.

» Nous prîmes, le 19, le nom, l'âge des matelots qui nous aiment tous beaucoup. Les capitaines propriétaires du navire, *el Principe ereditario*, nommés Vianello, nous ont témoigné pendant toute la route beaucoup d'affection; et, pour le Père, amour et respect. Ils ont hissé, en entrant à Alexandrie, la bannière saint-simonienne.

» Le Père a souffert le 19 et le 20 de digestions difficiles; Holstein, qui ne dormait pas, a reposé un peu; Ollivier est fort maigre; Fournel ne veut pas boire de vin, c'est son changement le plus remarquable. Le 21, le Père allait mieux, et depuis, toutes nos santés ont été fort bonnes. Je suis vraiment surpris de la manière dont je me porte; ma mère me reverra vigoureux, gros et gras, ce sera effrayant; en somme, nous sommes fermes sur nos jambes.

» Quelques mots maintenant sur notre arrivée et notre séjour. En entrant dans le port, nous fûmes abordés par Duguet, qui venait sur une barque rendre compte au Père de la mission qui lui avait été confiée. Peu de temps après Barrault, suivi de Charpin et de Combes et dans une autre barque, David, Maréchal, Reboul, Tamisier, Granal, et deux jeunes Français habitant Alexandrie, arrivèrent à notre bord. Pendant que nous nous embrassions, en nous informant de tout ce qui nous intéressait, le capitaine fit jeter l'ancre, et vint avec grande joie me serrer les mains; jamais il n'avait fait de voyage aussi accidenté.

Barrault, en attendant le Père à Alexandrie, avait fait donner trois concerts, où quelques nouveaux chants de David avaient généralement plu. Urbain et Cognat, Collin et Alric étaient et sont encore au Caire, chargés de puiser des renseignements pour notre œuvre.

» Machereau et Lamy étaient restés à terre. — Cayol est retourné en France. Prax est à Constantinople, probablement dans une grande pénurie; Rigaud, Toché, Jans sont, dit-on, en Grèce.

» Fournel et moi, nous nous rendîmes de suite à terre, et à sept heures notre navigation fut close; le Père, Holstein, Ollivier, Petit sont restés à bord.

» Les deux jeunes gens qui étaient venus vers le Père nous guidèrent à travers les rues sales, flanquées de maisons et de masures, au milieu des cris des bourriquiers qui voulaient à toute force nous louer leurs ânes, qui sont par multitude dans le pays.

» Le consul français nous a très-bien reçus. Le vice-roi savait notre arrivée ; nous n'aurons nul obstacle de sa part, mais il faut chercher son aide.

» Sur tout notre travail, quant à notre œuvre, tu dois te décider à attendre ; je te mettrai au courant quand il sera bien déroulé.

» Quelques personnes du pays nous ont très-bien accueillis, et nous ont affirmé, ce que nous pensions à l'avance, que le pacha ne recule devant aucune entreprise réellement utile à sa gloire et à son pays.

» Je voudrais bien te dire toutes les impressions que j'ai éprouvées en sentant ce sol si célèbre, en parcourant cette contrée où vivent tant de souvenirs, debout encore avec quelques monuments ; et ce peuple misérable, mais qui porte ses haillons avec un sentiment de la forme et du culte qui m'a transporté ; et ces femmes, gorge découverte, visage voilé ; ces petits enfants rongés d'insectes, toute cette plaie, il faudrait des pages pour te les peindre? Pourvu qu'il ne faille pas bien des années pour les guérir ! Dieu nous aidera.

» Il faudrait tronquer tout cela, pour te parler de

ce que j'ai senti ; je remets donc à une lettre spéciale pour t'entretenir de ce qui a suivi notre arrivée à Alexandrie. C'est sans doute par le consulat que cette lettre te parviendra, en partant sur un bâtiment de Trieste; dans quelques jours j'espère en envoyer une autre, mais patience surtout, car il ne dépend pas toujours de nous de faire savoir de nos nouvelles.

» Nous attendons Cécile de jour en jour.

» Cette longue paperasse est pour toi que j'embrasse tendrement, pour ma bonne mère qui m'a engendré pour une destinée bien singulière, et dont je lui rends grâce en l'embrassant de loin, tous les soirs ; pour tous ceux et toutes celles qui m'aiment. Demain, en achevant un petit plan d'Alexandrie, des environs surtout, que je te destine, je te dirai au revoir.

» Ce soir je vais dormir, j'y suis très-disposé.

» ADIEU ! ADIEU ! CH. LAMBERT. »

A la suite d'Enfantin et de ses disciples, deux femmes dont la famille saint-simonienne connaissait bien la religiosité et le dévouement apostolique, Cécile Fournel et Clorinde Rogé quittèrent Paris et se rendirent à Marseille pour aller s'associer aux *actes* de la mission d'Orient. Il se trouva que leur présence dans cette ville coïncida avec l'entrée au lazaret de ce port, de *trois compagnons de la femme*, Rigaud, Tourneux et Toché, qui s'étaient séparés de Barrault, par les raisons précédemment indiquées dans une lettre d'Ollivier à Enfantin [1]. Rigaud écrivit et envoya les détails intéressants de cette rencontre à Marie Talon qui les inséra dans le *Livre des actes* d'où nous pouvons aujourd'hui les extraire :

« Marseille, Rodrigues-Transon, novembre 1833.

» Depuis plusieurs jours vous attendez avec impatience des nouvelles de celles et de ceux qui vous sont CHÈRES ; vous vous rendez difficilement compte de notre silence. Marie, en voici l'explication : DIEU BONNE, qui n'a pas dit anathème à *l'Occident*, a voulu que ses FILLES bien-aimées ne le quittassent qu'après avoir accompli sur son sol un nouvel ACTE religieux. Cet acte a été fait, et aussitôt l'AIR et l'EAU ont accepté avec orgueil le précieux dépôt que DIEU leur confie. CÉCILE et CLORINDE sont parties !... Elles volent vers *l'Orient*! Leurs douces voix ont soupiré un long adieu à notre belle France et aux êtres chéris dont elles s'éloignent. DIEU BONNE, fais qu'il retentisse dans tous les cœurs !...

1. Page 11, en note.

» Depuis près d'un mois CLORINDE et CÉCILE étaient chaque jour au moment de faire voile pour la terre d'Isis, et une puissance mystérieuse mettait sans cesse obstacle à leur départ. Pendant ce temps DIEU poussait *invinciblement* vers le lieu où elles étaient arrêtées trois hommes, qui, comme couronnement à leur œuvre mâle et célibataire, avaient été sur tous les rivages méditerranéens annoncer la grandeur du PÈRE et invoquer la MÈRE de l'humanité. Cette œuvre accomplie, ces hommes avaient renoncé à alimenter leur vie à une inspiration mâle, qui quelqu'élevée qu'elle fût, n'avait plus pour résultat sur eux, que d'érailler leur cœur, de comprimer leur esprit et de macérer leur chair. Tous les trois, en se séparant de l'œuvre mâle, s'étaient conçu une direction différente. *Toché* était retourné à Smyrne; *Tourneux* voulait revenir en France; *moi* je voulais aller vers l'Hymalaya; mais DIEU, qui nous destinait à une œuvre commune, nous ramena les uns près des autres et nous réunit forcément. Presqu'au même moment nous arrivâmes tous les trois sur la terre de France, pleins de foi, mais souffrants et indécis de notre œuvre personnelle. Après nous avoir éprouvés aux douleurs de l'attente passive, à l'isolement glacial, aux privations de toutes sortes, DIEU réservait à notre inébranlable foi des joies ineffables. En effet, il nous conduisait à notre insu auprès de FEMMES qui ont inondé notre cœur d'amour, et nous ont donné une vie d'enthousiasme, de poésie, d'action, de gloire. Ces FEMMES, qui veulent *réaliser* l'affranchissement de leurs sœurs, ont daigné nous associer à LEUR ŒUVRE. Elles nous ont acceptés pour CHEVALIERS à titre de *frères, d'amis :* à DIEU MÈRE-SŒUR-AMANTE-ÉPOUSE-AMIE, elles nous ont fait consacrer notre vie, et c'est de ces douces et puissantes influences que nous attendons désormais la religieuse inspiration. Tel a été le résultat de leur séjour : par ELLES une SAINTE CHEVALERIE a été éveillée... Sur ce grand fait j'aurais bien des choses à vous dire; mais ELLES sont parties!... et c'est d'ELLES seules qu'aujourd'hui je puis vous parler.

» Le 6 novembre, le départ du trois-mâts *la Maria*, capitaine Fanciello, sicilien, fut définitivement fixé. Le 7 on devait mettre à la voile. En conséquence les préparatifs furent hâtés. Nos dames reçurent de nombreuses visites d'adieux; malgré les fatigues de la journée, elles voulurent bien consacrer à leurs chevaliers la soirée du 6 au 7.

» Elles nous reçurent, *Tourneux, Toché* et *moi*. Elles nous transmirent leurs ordres. *Toché* fut définitivement accepté comme ayant l'honneur de les accompagner en Orient. Elles tracèrent aussi notre itinéraire, à *Tourneux* et à *moi*. Que de douces et religieuses paroles elles nous firent entendre! Que de foi, que de grands sentiments elles versèrent dans nos âmes! Que d'émotions diverses agitèrent nos cœurs! Dans ces FEMMES qu'anime la vie de DIEU, pas un moment de faiblesse ou d'hésitation; et cependant, pour ELLES, qu'elle est douloureuse encore cette vie d'apôtres! Vous, FEMMES, pourrez seules apprécier ce qui devait se passer dans le cœur de CÉCILE, s'éloignant d'une enfant unique et chérie, abandonnée de sa mère dans la tendresse de l'âge. — Dans le cœur de CLORINDE, se séparant de Rogé, de celui auquel sa vie a été jusqu'à présent liée par le plus pur et le plus ardent amour. Oh! FEMMES, dites, DIEU BONNE veut-elle encore de semblables douleurs pour SES FILLES de prédilection? Je ne le crois pas. Par VOUS, FEMMES, ELLE nous révélera bientôt une grande œuvre où tous les doux besoins du cœur auront leur sainte satisfaction. Déjà Cécile et Clorinde le pressentent.

» Tous ces sentiments d'espoir et de douleur agirent profondément sur *Tourneux* dont la santé était altérée depuis deux mois : il souffrit beaucoup. L'aube du jour parut; il fallait partir.... *Rogé*, *Massol* et *Villers* (venus de Toulon pour assister au départ) vinrent se joindre à nous pour escorter les courageux apôtres. Arrivés au port, une barque les reçut; une foule assez nombreuse de femmes, d'hommes, d'enfants, bordait le quai; ils paraissaient frappés d'étonnement en voyant partir ces FEMMES; ils savaient bien, par l'entourage de costumes qui leur sont déjà connus, qu'ELLES aussi partaient animées d'une foi religieuse; mais la grandeur de leur œuvre la pressentaient-ils, ô mon Dieu! Non, tu n'as pas voulu qu'il en fût ainsi, car tous auraient baisé la trace de leurs pas. — Non, tu n'as pas voulu qu'il en fût ainsi, car après avoir vu partir le PÈRE, s'ils avaient vu tes FILLES les quitter aussi, ils se seraient crus abandonnés de toi, ô mon Dieu, ils auraient désespéré, et tu ne veux pas qu'ils désespèrent, car eux aussi tu les contiens dans ton sein, à eux aussi tu réserves et des joies et des jours meilleurs. — Pas un cri, pas un rire moqueur; de l'étonnement, rien que de l'étonnement. — La barque traversa cette longue forêt de mâts ornés de pavillons de presque toutes les nations de la terre, et aborda *la Maria;* ELLES y montèrent, et modestes autant que fortes, par leur voix, ô *Maria*, tu ne fus point consacrée; mais leur présence à ton bord n'en disait-elle pas assez? — Va, pars élégante, mets toutes tes voiles dehors, affronte les vents, affronte les flots, Dieu veille sur toi. Pour éloigner le danger, tu ne renfermes pas seulement quelque grossière image de la Madone, mais tu portes *vivantes celles* que DIEU conduit par la main; va sans crainte contre tout péril, tu es assurée...

» *Toché* avait fait préparer la chambre destinée à les recevoir. Le vent ne permit pas encore la sortie du port. *Tourneux*, dont les souffrances avaient augmenté, revint à terre. Une partie de la journée se passa dans l'attente. A peu de distance de *la Maria* se trouvait mouillé un brick de guerre. Les femmes apôtres n'avaient point encore vu ces belles et élégantes machines de destruction qui ignorent encore leur avenir; il fallait qu'une voix de *femme* le leur apprît. Nos dames résolurent d'aller à bord et elles y furent reçues avec les égards et l'admiration que commande leur courageuse entreprise. Elles annoncèrent qu'un jour DIEU ne voudrait plus de ces instruments homicides, et qu'ils seraient transformés bientôt en instruments de réjouissances et de production. Au moment du départ, les officiers désirèrent que ce fût une de leurs embarcations qui les ramenât à *la*

Maria. — De retour à ce navire, nous fûmes invités à communier avec *elles* par le repas. — Des hommes influents du parti républicain, que la suave parole des femmes a profondément remués, sont venus les saluer et leur rendre leurs hommages. *Tourneux*, gravement malade, était absent; ces dames redescendirent à terre pour le visiter et lui donner un nouvel adieu. Le soir, retour à bord, où passèrent la nuit *Toché*, *Rogé*, *Massol* et *Villers*. Je restai près de *Tourneux*.

» Vendredi, 8 novembre, la terre et le ciel pleurent; le temps est sombre et mélancolique. A cinq heures du matin l'ancre est levée, les voiles se déploient et *la Maria* sort lentement du port; un léger vent d'est enfle à peine ses grandes voiles. La mer est lisse et les gouttes d'eau qui tombent du ciel roulent sur sa surface unie en globules perlés; la terre est triste et laisse tomber feuille par feuille sa parure jaunie par l'automne. Une houle profonde balance péniblement *la Maria*. Le monde communie avec notre douloureuse séparation. Enfin, nous arrivons à la hauteur du château d'If, et nos dames sont bien souffrantes... Le moment des derniers adieux est arrivé..... Elles nous offrent leurs douces mains à presser. L'atmosphère est lourde et froide; la pluie redouble et tombe à grosses gouttes;

nous descendons dans notre esquif, nous échangeons des dernières paroles... Toché! Toché! ayez soin d'*elles*. — Souvenirs à ceux et à celles que nous laissons!... Et nous recueillons un gracieux sourire qu'on trouve la force de nous adresser malgré la souffrance... et déjà nous ne les voyons plus!... Mais tout à coup les vents changent, les voiles s'enflent, les mâts craquent, les cordages se tendent; le fier *Mistral* se lève impétueux; il chasse au loin les vents, les nuages et la pluie; la mer blanchit, écume; les flots bleus, aux longues crinières blanchissantes, vont se briser sur les rochers; *la Maria* s'élance vent arrière; elle vole, ce n'est plus qu'un point à l'horizon... Adieu, adieu...

» Marie, je vous serre affectueusement la main.

» RIGAUD,

» Chevalier de la Femme. »

Rigaud écrivait aussi à Cécile et à Clorinde une lettre qui caractérise bien sa dissidence avec Barrault, et explique l'instance du *Père* pour mettre ses disciples en garde contre le danger de s'absorber dans la recherche de la *Mère*.

« Lazaret de Marseille, octobre 1833.

» Cécile, Clorinde,

» Femmes, envers lesquelles Dieu ne me permet

pas encore d'employer de formules d'affection et de tendresse, c'est à vous que je désire confier les angoisses et les joies de mon âme. Depuis plusieurs mois bien agitée, privée de communion, elle se dessèche et dépérit comme la plante sans rosée, comme l'ardente vierge sans époux. Oh ! que ce soit des mains de femmes qui se placent sur mon cœur pour en modérer les battements et le tumulte.

» Aussitôt la nouvelle que ces jours derniers ont vu s'accomplir, c'est vers ma mère et vers vous, Cécile, que ma vie s'est orientée ; je vous pensais bien éloignée, lorsque ce soir Tourneux accourt, messager d'une douce parole de souvenir. C'est seulement à quelques pas de vous et de Clorinde, que la mer, aux belles ondes, me dépose avec bonté ; DIEU PÈRE, je te rends grâces, merci.

» Femmes, jamais je n'ai autant aimé le PÈRE ; jamais je n'ai plus vivement espéré et désiré la MÈRE, et jamais ce que je souffre, je ne l'ai souffert. J'aime l'humanité, j'aime le monde, j'aime le peuple et j'aime les femmes ; ma vie est éternelle, et je souffre, et quelques vagues échos du divin cantique du PÈRE, pour tous exhalant la joie, de mon cœur n'ont pu encore effacer toute douleur. O DIEU MÈRE ! ô femmes ! qu'ai-je fait ou que dois-je faire ? Est-ce expiation, est-ce épreuve ?

» Vous savez que la foi de Barrault a cessé d'être tout entière la mienne. La différence, d'abord faible, fut bientôt plus tranchée et dut nécessiter une séparation. J'aimais, dans mes prévisions, à agrandir l'espace pour l'apparition de la MÈRE ; je refusais d'accepter des limites absolues de temps: Barrault était dans une disposition opposée; il limitait le temps et l'espace de plus en plus impérieusement, et le plus léger doute devenait hérésie. Aussitôt le départ de Constantinople, privée d'aliments extérieurs, l'action de l'autorité se replia sur la vie intérieure, sur les croyances et les sentiments les plus profonds et les plus mystérieux; Barrault voulut remanier toutes les cordes du cœur, et Barrault, qui n'a pas la main du PÈRE, la porta rude sur plusieurs touches que Dieu a voulu que la femme seule eût pouvoir de frapper sans les briser. Je déclarai que l'autorité mâle désormais ne pouvait contenir et diriger ma vie dans toute sa plénitude; je cessai de reconnaître Barrault pour chef. Le lendemain, Tourneux et Toché protestèrent de leur côté. Ma protestation vous est connue; elle fut ce qu'elle ne pouvait manquer d'être, absolue et exclusive comme l'autorité contre laquelle ma vie réagissait.

» Dès-lors des pressentiments qui depuis longtemps m'agitaient et qui, ne trouvant aucun écho dans Barrault, furent une des causes de nos dissentiments, prirent en moi une force nouvelle. Tous mes rêves, mes méditations, mes projets se tournèrent vers l'Himalaya. C'est là que je sentis l'Orient, et non plus sur les rivages méditerranéens qui me paraissaient de plus en plus étroits et circonscrits. — Sur cette mer je n'avais pas ressenti le sentiment de l'immensité. Une bien grande partie du monde me semblait être laissée de côté; bien des nations, bien des races restaient en dehors de *l'universelle communion*. — L'Inde m'apparut comme le berceau d'une grande vie de développement, parallèlement à la vie occidentale et africaine. Juifs, chrétiens et musulmans remontaient à une même souche, à un trône mâle, à un Dieu mâle. Une même tradition, un même livre reliaient tous ces hommes; ils descendaient tous de Moïse, d'Abraham, et adoraient ensemble un Dieu célibataire. Voilà pour l'homme, voilà pour les aïeux du PÈRE. Mais la femme, me disais-je, ne fait-elle que de naître? n'a-t-elle pas aussi sa tradition, son passé? Et aussitôt je me rappelais les grandes illuminations du poëte Duveyrier, peignant au PÈRE l'épouse nouvelle, errante aux vallées de l'Himalaya, nourrie des grandes poésies des livres orientaux, et pénétrée dans ses chairs de l'amoureuse ardeur de ses climats. Mon esprit s'appliqua à pénétrer ces grands dogmes panthéistiques, et mon cœur adorait leur MAYA, mère du monde, et je ne me trouvais pas sans contact avec les adorateurs de la *grande mère*. Je crus voir l'épouse puisant la vie à ces *védas* si antiques et si vénérés; ces livres de vie de tant de peuples et de générations me semblaient prêts à s'unir à la BIBLE pour l'engendrement du GRAND POEME. Sur cette terre de l'enfantement, où l'œuf a des autels, où la fécondité est divinisée, j'aperçus la femme, brûlante d'amour, s'apprêtant aux noces nouvelles, et les races, aux couleurs diverses, saluant dans le couple nouveau le symbole de leur union. Telles étaient mes apparitions; ma vie s'était transportée vers cette moitié du monde que baigne le pacifique et universel Océan. A ces élans de ma passion, Barrault répondait : la MÈRE paraîtra à Constantinople; elle y paraîtra cette année, de la race juive; le mois de mai lui est réservé. Et savez-vous, lui disais-je, si déjà elle n'a pas paru? savez-vous ce qui se passe dans ces pays mystérieux?..... Nous dûmes nous séparer, lui s'établissant en croisière autour de Constantinople, et moi me dirigeant aux profondeurs de l'Asie. La foi nouvelle qui m'embrasait n'ayant trouvé d'abord aucun écho, je résolus de partir seul.

» Je fus à Alexandrie pour suivre quelque caravane ou pour m'embarquer sur la mer Rouge; des obstacles que je ne pus vaincre me fermèrent le passage, et, seul, ma vie s'épuisait sans se renouveler, et, puisque telle était ma mission, j'allais vers la MÈRE; mais, avant d'être *mère*, elle devait être *épouse*, et le PÈRE restait prisonnier en Occident. Oh! que j'ai souffert! Ma première exaltation se calma: je résolus d'attendre la délivrance du PÈRE, et de venir dans son sein épancher ma vie. Je fus assez heureux pour rencontrer à Alexandrie un parent au cœur chaud, à l'âme ardente, et qui, comprenant mon enthousiasme, m'étreignit dans ses bras.

» Après être resté quelque temps chez lui, je traçai mon itinéraire pour revenir en France. Je voulus dire un nouvel adieu au Levant, à Smyrne, aux belles femmes, parcourir la Grèce, où la *beauté* et la *sagesse* ont eu un culte aussi; je résolus de traverser l'Italie, la dot du PÈRE au fils et à la fille, — de voir Naples où je reçus le jour, Rome, Janus aux deux faces mâles, guerrière et pacifique, brutale et célibataire, Florence aux beaux musées, Venise la marchande, et de me trouver à Paris à la délivrance du PÈRE. J'avais foi qu'en son amour la vie qui m'animait se trouverait développée et agrandie.

» J'étais dans ces dispositions, lorsque le Nil apporta des profondeurs de la Nubie un enfant du PÈRE, Goury, engendré à Rome par Cendrier. Goury, architecte passionné, artiste religieux, pour lequel notre foi avait fait revivre les Rhamsès, les Pharaons et les Caleb. Mieux que tous les savants déchiffrant à grand'peine les hiéroglyphes, il avait senti la vie de l'antique Égypte. Les grandes apparitions des Hypogées l'avaient ébloui et enthousiasmé. Il me transmit ce qu'il avait recueilli du passé. Je lui donnai en échange ce que le PÈRE et ma propre inspiration m'avaient dévoilé de l'avenir, et nos cœurs s'éprirent au même foyer. Il ne manquait plus à tout son sentiment de l'art du passé que l'impression de l'Alhambra; il allait la chercher. Je lui rappelai l'art indien; il y avait déjà pensé. La lacune lui parut immense; il résolut de la combler. Nous projetâmes le voyage de l'Inde, auquel, dans notre espoir, venaient s'unir Duveyrier, le poëte de l'Himalaya, Cendrier, des peintres, des sculpteurs, des musiciens. Nous nous quittâmes, lui, pour achever son œuvre d'Occident, moi, pour aller vers le PÈRE chercher le complément et la sanction de notre projet, éveiller les frères, nos compagnons, et trouver les ressources pour l'effectuer. Je rencontrai Toché, au génie aventureux, et Jans; comme moi, ils sentaient le besoin du retour au PÈRE. Nous partîmes ensemble pour la Grèce. Ah! qu'elle a été belle cette Grèce, avant le divorce de l'homme et de la terre, au temps où la parole d'anathème contre le monde matériel n'avait pas encore retenti, et avant que la chair eût mérité d'être crucifiée. Quels sites délicieux! comme la mer et la terre y sont voluptueusement enlacées! O Grèce, qui te rendra tes beaux jours? qui les enrichira d'une poésie et d'un art nouveaux? Aux sanctuaires de tes vieux oracles, aux ruines d'Épidaure, nos voix te l'ont crié : la MÈRE!..... Nos premiers pas se dirigèrent vers Athènes, vers le temple de la SAGE et BELLE Minerve, et, du haut du Parthénon, resté à travers des siècles de dévastation comme un défi de l'art païen à l'art chrétien, nos cœurs invoquèrent la BONNE fille de DIEU, l'épouse nouvelle.

» Au moment de notre départ pour l'Italie, le consul de Nauplie nous apprit que le PÈRE avait repris sa liberté. — Le même jour nous sommes atteints d'accès de fièvre. — Nous ne pensâmes plus qu'à revenir vers lui. — Des jours bien longs et bien fatigants se passèrent dans l'attente d'un navire destiné pour la France. Le 22 septembre, jour d'équinoxe, nous mîmes à la voile. Vingt jours de traversée, et la première parole que nous envoie l'Occident, c'est : le PÈRE est parti pour l'Orient ! Joies et tristesses ! le PÈRE se dirige vers l'Orient, il part radieux; joies ! joies ! le PÈRE se dirige vers l'Orient, il part radieux; joies ! joies ! le PÈRE va vers sa bien-aimée !... — Le pressentiment le plus arrêté de tout mon voyage, c'est que le PÈRE ne pouvait tarder de saluer cette nature si riante et si belle, cette fiancée de l'humanité! Mais, ô femmes, que Dieu veut-il de nous, lorsqu'il nous pousse aux lieux que quitte le PÈRE, et que le PÈRE vogue aux lieux que nous quittons? Femmes, dites-le-moi, car nos cœurs sont en grande tristesse.

» Me tromperais-je? il me semble voir le PÈRE marchant à grandes étapes vers ces pays que je rêvais, vers l'Inde, cette mère des îles et des continents, et vers cette fille que, dans son intarissable fécondité, elle émit naguère de ses flancs, vers cette belle *Océanie*, pour laquelle se hâte de s'organiser une immense armée industrielle, recrutée dans tous les pays du monde; et d'abord il pose le pied entre les deux mers, et la terre ouvre ses flancs à leurs flots et aux richesses de tous les pays, ou bien, de son doigt puissant, du Nil à la mer Rouge il trace des lignes de fer qui transportent le chyle de la terre avec plus de rapidité que nos artères le sang réparateur, DIEU permettant qu'aujourd'hui soient renversées les digues qu'il pose lui-même entre l'Orient et l'Occident.

» Cécile, Clorinde, si nos rêves n'étaient que des rêves, pensez que j'ai une mère, une mère tendre qui me chérit, un père dont la foi est vive, mais dont l'âge appesantit le pas, une sœur bonne et chérie ; partir pour ces contrées lointaines, n'est-ce pas leur dire un dernier adieu pour cette vie ? Ah ! si Dieu me trace la voie, il me donnera la force de supporter leur douleur, et DIEU BONNE adoucira leur peine ; mais si je ne faisais que rêver !... faiblesse de ma foi !... Cécile, vous êtes mère, et vous l'excuserez. C'est qu'aussi jusqu'à ce jour aucune voix n'a répondu à la mienne ; c'est qu'aussi j'ignore si ma croyance a sa racine dans le cœur du PÈRE.

« RIGAUD,

» Croyant à l'égalité de l'homme et de la femme. »

Cécile Fournel répondit :

« Marseille, Rodrigues-Lambert, octobre 1833.

» A Rigaud, au lazaret,

» Mon cher Rigaud, que je voudrais avoir plus de temps pour épancher aussi mon âme dans la vôtre, et vous dire tout ce que je sens, tout ce que m'inspire votre lettre ! Oh ! que je comprends ces alternatives d'enthousiasme et de souffrance où vous avez été ! Telle est notre vie. Dieu nous soumet à de douloureuses épreuves parce que nous sommes ses privilégiés, ses enfants bien-aimés... Hélas ! moi qui vous entends gémir sur ce bon père, cette tendre mère, cette sœur chérie que vous allez encore quitter, savez-vous ce que je souffre ? J'ai laissé loin de moi ma fille, mon unique et précieux enfant ; je l'ai privée de sa mère dans l'âge où le besoin d'une mère est si grand, qu'à peine j'ose me dire que je l'ai abandonnée... Ah ! si vous saviez... Mais non, je ne vous dirai pas toutes les angoisses de mon cœur, c'est de la force qu'il me faut et qu'il vous faut aussi ; ne parlons que du but qui appelle, qui commande tous ces grands sacrifices.

» Rigaud, je vous ai dit que je vous avais trouvé dur, cruel ; pardonnez-moi : je n'ai point relu la lettre qui me fit vous donner ces noms qui vont si mal à votre nature affectueuse et bonne ; mais d'avance je repousse de telles expressions. — Et cependant, représentez-vous l'étonnement de ceux qui vous aiment, qui vous virent partir avec Barrault enivré de sa foi, de son saint enthousiasme, mais qui, par une transition brusque pour eux, entendirent votre voix s'élever et parler le langage sévère du reproche à celui même que vous aviez suivi, que vous aviez nommé *Père*... Ah ! n'y a-t-il pas eu un peu de précipitation dans cet acte d'indépendance, de liberté? Je sais ce que l'autorité de Barrault doit avoir d'irritant dans sa forme absolue, Barrault est peut-être l'homme le plus incomplet *sans* la *femme*; je n'insiste donc pas, mais qu'il a dû souffrir, et que *Vous*, *Tourneux* et *Toché*, bons comme vous êtes tous trois, avez dû ressentir de douleurs en présence du mal que vous lui faisiez !

» Mon cher Rigaud, je pars et vous restez; mais bientôt, j'espère, nous nous reverrons; votre vie ne sera pas longtemps séparée de la nôtre, de celle du PÈRE que vous veniez chercher ici.... — Oh! vous ne rêvez pas, croyez-le bien; ce n'est point un rêve que ces élans d'amour vers celle que DIEU promet au monde pour le régénérer; ce n'est point un rêve que ce sentiment plein de vie qui vous porte à nommer le lieu où elle est, quand elle paraîtra, peut-être à lui donner une forme, une suave expression d'ineffable tendresse... Rigaud, tout cela n'est pas rêve, mais amour, mais entraînement saint et religieux de votre cœur vers celle qui doit finir les douleurs du monde... Moi, qui ne saurais dire où je crois, où je place cet ange de bonté; moi, qui me suis souvent imaginé que DIEU nous l'enverrait enveloppée d'un voile mystérieux qui déroberait à tous sa naissance, son nom, son origine, afin qu'elle ne fût pas la mère d'un peuple, mais celle du monde, de l'humanité; moi, mon cher Rigaud, je vous aime pour votre *foi* plus positive que la mienne, et je suis loin de vous accuser de rêver.

» Je vous écris ce peu de mots à la hâte; nous partons demain matin pour Toulon, où de bons amis nous attendent. — Au retour j'espère trouver un moment pour vous dire adieu, mais il me semble triste d'aller si près de vous sans pouvoir presser votre main avant ce long voyage qui va nous séparer encore une fois.

» Ah! Rigaud, qu'elle sera belle cette communion entre les peuples qui va s'effectuer! quelle poésie dans des travaux entrepris sous une telle inspiration! et combien ce grand acte est digne d'aller éveiller toutes les sympathies de celle que nous attendons!..... Elle viendra, n'en doutons pas.....

» Adieu, Rigaud; je serre en idée votre main.

» CÉCILE. »

Villers écrivit aussi à Marie Talon à l'occasion du départ de Cécile Fournel et de Clorinde Rogé; voici sa lettre :

« Toulon, SAINT-SIMON-J. Reynaud, novembre 1833.

» Et moi aussi, Madame, je suis allé assister au

départ de Cécile et de Clorinde, et je n'ai quitté Marseille qu'après les avoir accompagnées jusqu'à l'entrée de leur glorieuse carrière; je les ai quittées au milieu du golfe, à 9 heures du matin, vendredi. Je n'ai rien à vous dire de cette triste séparation; elle a été sombre et monotone comme la nature, qui, elle-même ce jour-là, avait pris son vêtement de deuil. Notre douleur ne pouvait éclater en face des douleurs déchirantes des adieux de Clorinde et de Rogé. Elles ont dû s'éloigner promptement des côtes de la Provence; car, à peine sorties du port, au vent N.-O., qui les eût empêchées de sortir, a succédé un vent d'est qui les a poussées dehors et a soufflé avec violence; c'était pour elles le vent le plus favorable; il a duré trois jours, et maintenant elles doivent se trouver bien loin de nous. Rigaud a été chargé par la bonne Cécile de vous écrire; c'est de lui que vous recevrez tous les détails du départ de nos *courageuses apôtres*.

» J'ai consacré ce jour solennel à mon premier *acte de foi* pratique; j'ai donné ma démission de chirurgien de la marine, vendredi 8 novembre, au moment où elles voguaient vers l'Orient. Cette coïncidence dit assez que je me mets sous l'influence *des femmes*; notez le fait dans les archives.

» Bientôt je serai à Paris; nous causerons

beaucoup et longtemps de notre bonne et chère Cécile.

» Adieu, Madame; du courage à l'œuvre.

» M. VILLERS,

» Chevalier des Femmes. »

Le *Livre des Actes* faisait suivre cette lettre d'un avis reçu de Castelnaudary, ainsi conçu :

« Vidal est passé par notre ville se rendant à Toulouse, où il doit être jugé à la session des assises qui s'ouvre le 21 de novembre. A quelque distance de notre ville, les gendarmes, qui l'avaient traité avec égards jusque-là, trouvèrent bon de l'*enchaîner*, craignant sans doute que notre population, toute convertie à la foi saint-simonienne, ne tentât de le soustraire à la justice. Ils ignorent sans doute qu'un apôtre, loin de redouter toutes les occasions de témoigner hautement de sa foi, *glorifie* DIEU de toutes les occasions de publicité éclatante qui lui sont offertes. Vidal, captif depuis cinq mois, se présentera au jury avec le calme, la dignité, la grandeur que reflète toujours une conscience pure : il lui dira que nos principes religieux protestent contre toute violence, que nous prêchons la paix, l'association ; que nous n'émeutons pas les masses ; et que partout où nous serons influents, le respect pour les lois, pour les hommes qui les appliquent, sera toujours conservé, quelle que soit leur sévérité. »

« Vidal, jeune et bon frère, disait Marie Talon, puisse notre affection vous être douce ! Si nous nous étions trouvées sur votre passage, nous aurions soutenu vos chaînes, pour qu'elles fussent moins pesantes ; votre amour pour le peuple, pour les femmes, vous donne des droits à nos soins, nous voudrions embellir votre prison, l'orner de fleurs. J'en ai la *foi*, vous occuperez bien la *chaire* qui vous est préparée ; vous savez que DIEU ne soumet aux plus fortes épreuves que ses enfants privilégiés. »

Vidal se défendit lui-même, assisté par Borel. Il fut acquitté sur l'accusation portée contre lui pour la publication de ce religieux manifeste au peuple de Montpellier, qu'il répéta devant ses juges.

« Enfants du Midi !

» Vous êtes bons, et cependant vous me faites du » mal !

» Nous vous aimons et vous nous haïssez !

» D'où vient cela ?

» Ah ! le voici : Vous ne nous connaissez pas.

» On vous a dit : *Les saint-simoniens sont des » impies : ils viennent renverser la religion de » JÉSUS-CHRIST.*

» Écoutez :

(Vidal montra des yeux et de la main l'image de Jésus-Christ que l'on voyait derrière la cour).

» Quand Jésus-Christ, le divin rédempteur des » esclaves, expirait sur une croix, il demandait à » DIEU grâce pour ses bourreaux, en disant : *Mon » Père, pardonnez-leur, ils ne savent ce qu'ils » font.*

» Eh bien ! nous aussi, animés pour tous les » hommes, nos frères, d'un pareil amour, nous vous » pardonnons, car vous ne savez pas qui nous » sommes.

» Quand vous nous connaîtrez, vous ne nous trai- » terez plus en ennemis, mais vous nous chérirez » comme vos meilleurs amis.

» Et jusqu'à ce que vous nous connaissiez, vous » aurez beau nous haïr et nous faire du mal, nous » vous aimerons toujours, nous chercherons tou- » jours à vous faire du bien.

» Vous le savez : lorsque nous étions poursuivis » de vos huées et de vos pierres, qui d'entre nous » vous a rendu le mal pour le mal ? N'avez-vous pas » vu sur nos visages le calme et la patience des pre- » miers disciples de Jésus ?

» Si quelques-uns de nos amis prenaient notre dé- » fense, ne nous sommes-nous pas efforcés d'apaiser

» leur indignation? N'avons-nous pas retenu leurs » bras, de peur qu'ils ne vous fissent du mal?

» Car, je vous le dis en vérité, nous aimons mieux » être écrasés sur le pavé et mourir pour le salut du » peuple, que de voir un seul d'entre vous, nos » frères, frappé à cause de nous.

» Ce n'est point la *guerre*, mais la *paix*, que » nous venons mettre parmi les ENFANTS DE DIEU.

» *Paix aux hommes de bonne volonté!*

» PAIX A TOUS LES HOMMES!!!

» Et l'on dira que nous sommes des impies, que » nous venons renverser la religion! Mais qu'est-ce » donc que la piété? Qu'est-ce que la religion?

LA PIÉTÉ! n'est-ce pas cette bonté patiente que » nous vous témoignons sans cesse, et dont Jésus » vous a donné l'exemple?

» LA RELIGION! n'est-ce pas *ce lien d'amour qui* » *relie entre eux les hommes, enfants de Dieu,* » *et les fait vivre en frères?*

» Et JÉSUS-CHRIST, qu'a-t-il prêché aux hommes?

» Il leur a dit : Je suis le fils de DIEU, nous » sommes tous FILS de DIEU, nous sommes tous » FRÈRES.

» Il nous l'a dit, et nous l'avons cru : et ce- » pendant nous avons continué de vivre en en- » nemis.

» Car nous ignorons les *moyens* de vivre en » FRÈRES.

» Et aujourd'hui encore, quel désordre parmi » les hommes.

» LEURS CŒURS sont livrés à la *haine*, leurs » LANGUES à la *calomnie*, leurs BRAS à la *guerre*.

» Est-ce donc là ce *règne* de DIEU annoncé par » Jésus? ce *règne* de DIEU que vous invoquez tous » les jours, en disant : *notre* PÈRE, *que votre* » *règne arrive, que votre volonté soit faite sur la* » *terre comme au ciel.*

» Lorsque Jésus donna aux hommes cette prière » prophétique, les temps n'étaient pas encore » venus où l'humanité ne doit plus former qu'une » seule famille.

» Le monde n'était pas prêt.

» Mais Jésus a enseigné aux hommes qu'ils sont » *tous* FRÈRES, et, par cette divine parole, il les a » préparés à *pratiquer* un jour cette FRATERNITÉ » UNIVERSELLE, qui est la véritable RELIGION DES » ENFANTS DE DIEU.

» Aujourd'hui les temps sont venus.

» Le monde est prêt,

» Et c'est pourquoi DIEU envoie au monde une » parole nouvelle.

» Et nous, les nouveaux apôtres de cette Provi-

» dence infiniment bonne, sage et puissante, qui
» veille éternellement sur nous tous, nous venons
» apporter aux hommes les *moyens* de *pratiquer* la
» *fraternité enseignée par Jésus.*

» Nous ne venons donc pas renverser la reli-
» gion.

» Et nous pouvons dire aux chrétiens ce que
» JÉSUS disait aux Juifs :

» *Je ne viens pas abolir la loi, mais l'accom-*
» *plir.*

» Or, cette LOI, vous la connaissez :

» A CHACUN SELON SES MÉRITES.

» Telle est la véritable justice;

» Telle est votre volonté sainte, ô mon DIEU !

» QU'ELLE SOIT FAITE SUR LA TERRE COMME AU
» CIEL !

» QUE VOTRE RÈGNE ARRIVE ! ! ! »

Tandis que les apôtres saint-simoniens étaient poursuivis dans le midi de la France et en Savoie, Barrault réunissait autour de lui dans Alexandrie un auditoire, avide de l'entendre, et sans offusquer l'autorité musulmane. On lisait dans le *Moniteur égyptien*, du 26 novembre 1833 :

« Le Père Barrault vient de commencer un cours sur l'art en général et la littérature en particulier, considérés dans leurs rapports avec l'histoire.

Comme il s'agit ici principalement d'esthétique et fort peu de saint-simonisme, nous pouvons rendre à M. Barrault toute la justice qu'il mérite. Sa première leçon, nécessairement consacrée à une revue rapide des phases historiques de l'humanité, nous a paru remarquable, moins encore par la parole si animée, si chaleureuse de l'orateur, que par les idées générales autour desquelles il a su grouper chaque peuple, chaque grand homme, en caractérisant, par les traits les plus saillants, la mission que chacun d'eux a eu à remplir dans les siècles écoulés. M. Barrault a descendu jusqu'à nous le fleuve majestueux de l'histoire, en signalant tous les points lumineux qui doivent arrêter la vue de l'observateur. Il a parfaitement expliqué comment la vie des peuples n'est pas seulement écrite avec le glaive sur les champs de bataille, mais comment elle l'est aussi sur la toile du peintre, sur le marbre du statuaire, dans les chants immortels du poëte! Il a pris pour point de départ l'union progressive de l'humanité et du monde extérieur : c'est, les regards fixés sur ce principe, qu'il a pénétré d'un pas ferme dans le champ immense et varié de l'histoire. Nous regrettons que les limites de notre journal ne nous permettent pas de l'accompagner dans tous ses beaux développements; mais il y aurait conscience d'étendre sur le lit de Procuste, pour les mutiler, tant de pensées si vives, si ingénieuses, et surtout cette parole si éclatante dont il sait se servir avec un rare bonheur. Sans doute qu'Alexandrie, depuis les beaux jours de sa gloire, n'avait jamais entendu dans ses murs une voix si éloquente, une poésie de langage si harmonieuse.

» Pourquoi faut-il que tant et de si beaux dons soient au service d'une cause qui n'est point celle de la vérité? »

Le *Livre des Actes*, en reproduisant cet extrait du *Moniteur égyptien*, ne manqua pas d'ajouter :

« Le temps viendra où l'hommage aux principes sera rendu comme il l'est au talent; les événements que Dieu réserve, les efforts de ceux qui ont mission d'éclairer le monde, en hâteront le moment. »

A son arrivée à Alexandrie, Enfantin resta quelques jours à bord, vivant très-retiré sur son navire. Il en sortit à la fin d'octobre pour aller visiter la ville et ses principaux établissements. Il alla ensuite d'Alexandrie au Caire où il reçut l'hospitalité dans la maison de Soliman-Bey (le commandant Selves, français). Fournel, Lambert, Barrault ne quittèrent pas encore Alexandrie. Enfantin leur écrivit du Vieux-Caire.

« Vous verrez, mes chers amis, disait-il dans sa

lettre à Fournel et à Lambert, par les détails que vous donnera Petit sur notre voyage, que *sir rocco* nous a tenu rigueur ; il paraît que nous devons marcher avec poids et mesure, nous qui allions autrefois comme le vent.

» La réception qui nous est faite ici, est on ne peut plus hospitalière, elle fait l'éloge des quatre hommes qui y ont annoncé notre arrivée. Je n'ai encore eu le temps de rien voir, mais le fait est que nous sommes tous casés chez des hommes, dans des familles qui nous reçoivent pour ce que nous sommes, ce qui ne nous était encore arrivé que chez Decaen.

» Cécile et Clorinde sont sans doute arrivées maintenant, j'en attends la nouvelle avec impatience ; j'espère qu'elles apportent aussi quelques lettres et journaux de France que je lirai avec plaisir.

» Je vous ai laissé un peu brusquement, toi surtout, Fournel, parce que je désirais renvoyer après l'arrivée de Cécile toutes mes causeries sur nos affaires; jusque-là ce que nous aurions pu dire, en quoi que ce soit, aurait manqué d'un élément indispensable; mais votre séjour à Alexandrie ne sera peut-être pas maintenant de longue durée, nous nous verrons ici avant mon départ pour l'intérieur.

» Je vous écrirai dès que j'aurai du nouveau, ce ne sera pas avant quelques jours. J'ai oublié de dire à Fournel, avant mon départ, que ce que lui a laissé Holstein n'était pas un partage de notre petit magot, et que, s'il avait besoin d'argent au moment de l'arrivée de Cécile et de Clorinde, il fallait me l'écrire. J'espère bien qu'Hoart et Bruneau nous enverront quelque chose, mais dans tous les cas, tant que notre bourse ne sera pas épuisée, il est bien entendu qu'elle est *nôtre*, vous compris.

» Nos dépenses jusqu'ici ont été minimes.

» A Dieu, mes enfants, je vous embrasse, et, aussi vos dames quoique nous soyons en Égypte. — P. ENFANTIN. »

Cette lettre en renfermait une pour Barthélemy Enfantin à qui Fournel était chargé de la faire parvenir. Cette missive fut bientôt suivie d'une autre pour Thérèse Nugues et d'une note importante pour les deux capitaines que l'œuvre de l'Occident retenait encore. Voici cette note :

A Hoart et Bruneau. — 18 *novembre* 1833.

« Le jour de notre arrivée à Alexandrie on a appris la mort de l'ingénieur en chef (civil) M. Wallace, anglais, que le pacha avait envoyé en Syrie et qui était spécialement chargé d'examiner la communication du golfe persique et de la Méditerranée, par l'Euphrate et l'Oronte (symbole).

» Le pacha s'occupe, en ce moment même, de la fondation d'une école polytechnique, et pourtant il n'a personne pour la diriger. — (Attention au commandement.)

» Il n'y a pas, dans tout le pays, un seul ingénieur des MINES, même étranger, et cependant l'Égypte et la Syrie surtout sont de riches vierges qui appellent la visite de l'époux, comme dans le Cantique des cantiques; *leurs entrailles se sont émues* quand Fournel et Lambert ont mis le doigt sur le port d'Alexandrie.

» La campagne que le pacha fait faire à quelques régiments sur la côte arabique de la mer Rouge jusqu'à son embouchure, pour s'emparer de l'Yémen et régulariser le commerce du café, et les projets que l'on assure qu'il a conçus sur l'Abyssinie, concordent bien avec nos vues sur la mer Rouge. En même temps, deux navires anglais, accompagnés d'un bâtiment à vapeur, explorent cette mer, signalent les roches nombreuses, les marquent toutes avec quelques instructions en fer et pierre, et sondent de tous côtés.

» Les plantations dans le Delta se font avec activité; tous les chefs de village ont été, dit-on, convoqués dans les chefs-lieux de provinces et là se sont engagés par serment à planter un nombre d'arbres (mûriers surtout) proportionné à l'étendue de leur territoire. La culture du coton paraît avoir besoin d'être relevée par quelques bons conseils, on prétend qu'elle se détériore depuis deux ans.

» Tout le système des machines pour l'irrigation est encore dans l'enfance. — Les perfectionnements introduits depuis peu sont eux-mêmes très-arriérés.

» Il y a évidemment besoin senti par le pacha de ralentir les *dépenses militaires* et de songer plus directement à la *production*.

» Selon toute probabilité, Tamisier et peut-être Lamy suivront l'expédition de l'Yémen; Reboul accompagnera un négociant français en Abyssinie; Combes ira s'il le peut en Syrie où notre annonciation par Barrault *facilite* et nécessite notre annonciation industrielle.

» Quand j'aurai vu Suez et le désert, je pousserai sans doute quelqu'un vers la Syrie, à travers la *Palestine*.

» De toutes les mines que possède le pacha, la plus riche, et la plus délaissée, c'est la Judée, non pas comme terre, mais comme centre du monde *juif*, c'est-à-dire du monde ancien tout entier, puisque le *juif* couvre la terre. Les filons de cette mine s'étendent à Paris, à Londres, à Pétersbourg, Amsterdam, Berlin; Rodrigues, d'Eichthal, Péreire sont des symboles du travail que nous devons appliquer à cette mine. C'est la Judée qui doit être l'occasion, le moyen de faire appel aux capitaux qui féconderont l'Égypte; nous montrerons au pacha comment il doit *exploiter* cette source de richesses, il est commerçant, nous lui dirons ce que c'est qu'un *banquier*; Rothschild, Stieglitz, Hertz, Mendelsohn, etc., sont ses sujets, ils lui payeront un tribut.

» Barrault se prépare à un voyage lointain, Maréchal et Charpin sont restés près de lui, et il renvoie avec mission Granal en France. Collin retournera également dans quelque temps, il aura à *écrire*; Cognat aussi, il aura à *parler*.

» David, Machereau, Alric (musique, peinture, sculpture,) resteront au Caire; ils nous y font des amis, et peuvent d'ailleurs s'y soutenir honorablement par leur travail, sans tendre la main.

» Urbain seul s'adjoint à Holstein, Ollivier, Duguet; Petit, il est déjà avec Duguet, reviendra audevant de moi et me servira de guide avec Jules Sonnerat. Urbain prendra probablement le costume des Arabes du désert, des Bédouins, il le désire et j'en serai bien aise; mais il ne le fera qu'au milieu des Arabes eux-mêmes, avec la consécration de la tribu et du cheik.

» Nos dépenses jusqu'ici ont été très-faibles, grâce surtout à la bonne hospitalité que nous avons trouvée. Depuis que nous avons quitté le navire à Alexandrie, nous avons pour ainsi dire vécu pour rien. Le voyage au désert nous coûtera un peu cher, à cause des indispensables chameaux. Notre réputation de pauvreté nous a délivrés des offres de services intéressées que l'on fait d'ordinaire aux étrangers qu'on suppose riches. Peut-être celui qui vient à nous n'a-t-il rien à nous donner, mais certes il ne nous demande pas.

» Le pacha, qui n'était pas venu au Caire depuis deux ans, y passera encore l'hiver, ce qui est fort providentiel.

» Utilisez autant que vous pourrez, par la plume de vos frères, par la presse, l'immense mesure par laquelle Méhémet s'est rendu possesseur de toutes les terres moyennant *rente viagère* aux propriétaires; le chiffre de ces rentes est déjà considérablement diminué. C'est la réalisation *exagérée*, car elle est anticipée, de notre DESTRUCTION DE L'HÉRÉDITÉ. Le fait est que le moment arrive où il faudra donner aux *fermiers* une plus grande part qu'on ne l'a fait jusqu'ici, dans les produits de leur travail, pour les intéresser *personnellement.*

» Il y a de grandes analogies entre l'Égypte de Méhémet et la France de Louis XI, quant à ce qui concerne l'amélioration du sort du peuple ; l'Arabe naît à la vie personnelle ; la conduite de Méhémet avec les Mamelucks et les Turcs, a eu et aura, sous ce rapport, les mêmes résultats que celle de Louis XI avec la noblesse.

» Ces notes sont pour vous, mes braves capitaines, j'attends l'arrivée de Fournel et Lambert pour différentes démarches que je projette ; je vous instruirai et ferai instruire de tout ce que nous ferons, à mesure que notre vie égyptienne se développera.

» Adieu, braves capitaines ; mes vieux, je vous embrasse et en vous tous ceux qui nous aiment et qui veulent ce que veut DIEU. — P. ENFANTIN. »

Fournel et Lambert ne tardèrent pas, en effet, de se rendre au Caire où Cécile et Clorinde les suivirent. Barrault, de son côté, se disposait à quitter Alexandrie. Il écrivit au Maître qui lui répondit :

« Cher fils,

» Tu ne me dis pas ni avec qui tu pars, ni ce que tu te proposes de faire, ni quels sont tes moyens d'action.

» Tu fais bien.

» Et tu me demandes ma bénédiction ;

» C'est donc un nouveau témoignage de ma foi parfaite en TOI, de cette foi *aveugle*, qu'un jour j'ai demandé pour moi à mes fils et que je leur ai promis aussi, que tu désires.

» Par la VIE de notre DIEU, et au NOM de ta MÈRE absente, ton PÈRE te le donne du fond de l'âme.

» Va, DIEU, par ton PÈRE et pour ta MÈRE, est avec toi.

» Va, la parole du prophète est une chaîne qu'il attache aux ÊTRES, aux *temps* et aux *lieux* qu'il nomme, et qui reste scellée à sa bouche; dans ce dernier mois de la grande *année*, *Constantinople* et les Juives te rappellent.

» Va ! la *bénédiction* du PÈRE te promet le *bienfait* de la MÈRE. — P. ENFANTIN. »

XXIX

(1834)

Dans les premiers jours de janvier, Enfantin sortit de sa retraite du vieux Caire pour commencer ses excursions. Le 16, il écrivit de Zagazik, à son hôte, Soliman-Bey :

« Nous avons enfin trouvé, à Myniet-el-Agam, sur la Moez, le mudir pour lequel vous m'avez remis une lettre; il était entouré de mahmour du pays que nous allons visiter, et ses mesures ont ainsi été prises à l'instant même pour faciliter notre voyage.

» Petit vous fait le récit de notre jolie course sur le Nil; toujours avec beau temps et bon vent; j'ai remis à une autre époque ma visite à Tantah.

» J'ai été content de Reis et de l'équipage.

» Nous sommes tous en santé parfaite, et désireux de dresser nos tentes et d'essayer les dromadaires.

» Si j'étais encore un bourgeois, je profiterais de cette lettre pour vous accabler de remercîments; mais nous autres apôtres, nous sommes presque des houzards, puisque notre chef de file marche à trois pas seulement derrière vous; j'aime donc mieux vous dire une blague de notre régiment, que de vous faire des *salamalek.*

» J'ai passé deux mois avec vous, mon cher général, et je crois que l'un et l'autre maintenant, nous nous connaissons assez bien; mais si cela est, c'est que grâce à Dieu, nous avons, vous et moi, l'œil bon, et savons lire même dans les livres fermés; le fait est que, malgré la prodigieuse hospitalité que vous m'avez donnée, vous avez reçu chez vous le PÈRE, et moi j'ai été accueilli par le *général;* mais ce n'est là pour chacun de nous que la moitié de la vie; outre le Père, outre le *général*, il y a l'homme, et les deux hommes se sont à peine touchés.

» C'est au désert que les deux hommes se connaîtront; vous m'avez promis le voyage de Syrie; j'y compte, Dieu ne fait pas les choses à demi; je sais pourquoi il m'a fait communier sous le toit et à la table de celui des enfants de Napoléon qui était le plus digne de comprendre l'avenir de travail et de gloire pacifique que nous annonçons à tous les peuples; je sais pourquoi, avant mon entrée en campagne, il a mis la main dans celle du houzard, et me fait coucher encore aujourd'hui sous la tente du *troupier*; c'est qu'il veut m'inspirer et nourrir en moi les vertus dont j'ai surtout besoin aujourd'hui; c'est qu'il veut faire de moi (qui ai été jusqu'ici un penseur) un *feseur;* c'est qu'après m'avoir fait parler et écrire beaucoup, il veut que *j'agisse* vite et bien. Au désert donc, mon ancien! j'y vais faire un peu mon apprentissage, afin de ne pas être trop emprunté quand je vous y recevrai.

» Faites, je vous prie, mon cher général, mes compliments très-affectueux à M. Linant, au général Hatteim-Bey et à M. Bonfort; ce sont trois hommes que je trouve souvent dans mes souvenirs, mais que j'associe encore plus souvent à mes espérances.

» A Zara un bon baiser pour moi, qui lui fasse dire kaman, et un aussi pour le grand *guendi*.

» Mes respectueuses salutations à Mme Marie.

» A vous, cher général, pour tous mes enfants, je vous embrasse encore une fois sur votre bonne moustache. — P. Enfantin. »

Le lendemain, Enfantin écrivit, du même lieu, à Fournel et à Lambert qu'il avait laissés au Caire :

« Nous partons pour le désert; notre course jusqu'ici a été très-bonne en toutes choses; quoique je n'aie pas vu Tantah, comme je le voulais d'abord, je suis content, parce que je serai plus vite au but *actuel* de ma vie, le désert.

» Duguet ne partira que de l'Ouadi pour aller vous voir, et pourtant vous le verrez peut-être avant cette lettre, la cange pouvant être retardée au Nil.

» Si au contraire elle arrive avant, préparez les lettres que vous devez m'écrire pour m'instruire de votre position, car Duguet séjournera peu.

» M. Linant m'a parlé de son Arabe du Sinaï; il veut, disait-il, me l'envoyer s'il est en ce moment au Caire; j'en serais bien aise, parce que j'irais alors un peu plus tôt à Suez. Je te prie, Lambert, de dire à M. Linant, sous la forme que tu trouveras bonne, de faire la leçon à son Arabe, de manière à ce qu'il soit encore plus *mon* homme que *notre* homme.

» Fournel, si ton affaire n'est pas finie comme tu l'entends, je te recommande encore une fois d'avoir bien dans la pensée que, *d'aucune manière*, elle ne saurait être nulle, ni même mauvaise. L'œuvre est en excellente voie; elle est plus avancée que nous ne pouvions raisonnablement l'espérer à Alexandrie et à Marseille. Ce n'est pas précisément Fournel, ingénieur en chef d'Égypte, que nous sommes venus faire, c'est la communication des deux mers, même par d'autres que par nous, et elle se fera et elle est pendante, et nos démarches à *tous* (toi aussi bien que nous) ne doivent pas avoir d'autre but que de la faire faire le plus promptement possible. Qu'on prépare l'œuvre, et je te réponds qu'on ne se passera pas de nous pour l'exécution. Le jour où le pacha remuera une pierre pour le chemin de fer, mon appel à la France pourra partir, il ne sera pas intempestif, quand bien même ce serait Galloway qui remuerait cette première pierre; certes, il ne mettra ni la dernière, ni même la seconde. Fais donc que l'*œuvre* commence au plus vite; c'est là l'important de ta tâche.

» Je vous rappelle toujours à tous deux l'affaire de l'emprunt; il faut que le *juif* marche parallèlement à nous; employez les *indirects* pour atteindre ce but. Linant peut nous aider beaucoup en cela.

» Aussitôt l'affaire de l'emprunt en bon train, Fournel écrira à Rodrigues, *confidentiellement*, tout ce qu'il en saura, et il le mettra au courant de notre position, dans l'esprit du paragraphe de cette lettre où je m'adresse à Fournel (Fournel, si ton affaire, etc.), c'est-à-dire qu'il lui dira où en est l'*œuvre*, plutôt que ce que font nos personnes. — Dieu nous a donné bien des moyens de faire faire aux hommes ce que nous voulons, mais tous ne comprennent pas toujours immédiatement ceux que nous employons, et nous-mêmes sommes souvent conduits à faire nos pas plutôt instinctivement qu'après nous être rendu compte de leurs résultats.

» Il sera bien d'écrire aussi à Flachat, et aussi à Guéroult, et encore à Béranger.

» Pour l'emprunt, poussez Cadalvène à en modifier la forme de manière à l'adapter au peu d'habitude financière de ce pays, et qu'il songe bien que si l'emprunt *égyptien* avait une forme autre que celle de tous nos emprunts, ce ne serait pas un motif pour que les prêteurs ne se présentent pas. En finances comme partout, il y a le goût oriental et le goût occidental; Cadalvène peut les unir, en donnant un caractère de fixité et d'immobilité aux conditions souscrites *par le pacha*, et en établissant par *Rothschild*, vis-à-vis des cessionnaires, des conditions d'éventualité, par tirages et primes ou autrement, qui facilitent le jeu des bourses européennes.

» Compliments à Hatteim-Bey, Linant, Cadalvène; j'écris aujourd'hui au général.

» Poussez Alric à faire voir son buste au pacha, et à songer au modèle en plâtre que je lui ai commandé.

» Pas un mot de ma part à M. Mimaut, seulement Lambert fera en particnlier mes compliments à M. Lubert.

» Nous vous embrassons tous les deux.

» P. ENFANTIN. »

Cette lettre atteste que le maître apercevait déjà quelques doutes chez l'un de ses disciples au sujet de l'œuvre qu'ils allaient faire en Égypte.

Fournel, en effet, jugeant la situation en homme de science et d'industrie et ne découvrant pas devant lui des éléments suffisants de réalisation prochaine au milieu desquels il pût développer sa puissante spécialité, Fournel ne cachait pas ses impressions défavorables, que Cécile partageait, et qu'elle avait même manifestées à Enfantin dans une récente lettre. Enfantin reprit donc la plume pour bien caractériser ses espérances, lesquelles s'appliquaient moins à une réussite immédiate et personnelle qu'à un succès certain pour d'autres, et dont les saint-simoniens devaient être les premiers préparateurs.

« J'ai, dit-il, selon le mot de Lambert, mon cher Henry, la foi *indéfinie* que l'œuvre se fera. J'ai presque la foi *aussi indéfinie* qu'on croira *généralement* que je ne l'ai pas *fait faire* (le pacha surtout) ; je parle de l'œuvre de *Suez*, qui n'est que la moitié de l'ŒUVRE INDUSTRIELLE ; j'ai presque la foi aussi indéfinie que MICHEL ne fera pas celle de Panama, mais qu'il la *préparera*, et je ne vois pas pourquoi tu ne la *ferais* pas. Ta lettre, comme tout ce que tu m'as dit à ton retour d'Alexandrie, me prouve que tu spécialises trop ton œuvre, et voilà pourquoi je la généralise peut-être un peu trop, par réaction ; ce que je veux, c'est que tu conserves vis-à-vis de toutes les difficultés, un calme que tu perdrais si tu croyais ta personnalité engagée *outre mesure* dans une *partie* de l'œuvre générale.

» Oui, je suis venu pour *faire faire* la communication des deux mers, et тоi tu es venu pour la *faire*; mais je suis venu en Égypte pour *faire faire* aussi la percée de Panama, et toi, aurais-tu oublié que Suez et Panama, c'est l'*œuvre industrielle*? Pour faire faire la première, je n'avais pas besoin de Michel, c'est évident; il n'y a pas place pour Berthier, qui jouait un faible rôle en Égypte, si je ne me trompe. Pour faire faire la seconde, j'aurai besoin, je crois, de toi et de lui; mais rassure-toi, nous irons en Amérique sur un beau vaisseau, et non sur *il principe ereditario*. Maintenant, pour expliquer complétement la pensée qui m'a fait écrire les deux phrases que tu trouves *élastiques*, je dois ajouter qu'en disant qu'on ne se passera pas de *nous*, je n'ai pas voulu dire, par ce *nous*, moi et toi seulement, ni même indispensablement. Or j'affirme encore que nous fournirons en Égypte un premier noyau d'armée de travailleurs, et que nous seuls pourrons le fournir. C'est encore une idée que tu n'as pas assez incarnée en toi, puisque tu as pu croire un instant que j'avais donné contre-ordre à Hoart : en général même, quand je t'en ai parlé au Caire, il m'a semblé que tu avais plus peur des mazettes qui arriveraient qu'espoir dans les hommes forts qui répondraient à mon appel...

» La lettre de Lambert à côté de la tienne forme bien le *tant pis* et le *tant mieux*. Je vous recommande d'autant plus à tous deux de vous lire réciproquement. Cette différence est toute naturelle et providentielle, utilisez-la. Je rabats beaucoup plus de ton *tant pis* que je ne rabats du *tant mieux* de Lambert. — Adieu, je vais passer quelques jours au centre du désert; j'en partirai, je crois, le 8 février, pour SUEZ. . »

Enfantin écrivait le même jour (26 janvier) à Mme Fournel. Ses deux lettres seront publiées en entier avec sa correspondance. La dernière se terminait ainsi : « Au Caire, je vous ai fait peur ; vous avez tremblé pour l'avenir, vous avez douté que cette vie que vous trouvez si belle, je ne la gâtasse et ne la rendisse douloureuse pour moi et pour tous ; c'est bien, chère fille, voilà vos craintes; mais votre espoir, où est-il ? Dites-le moi ; dites que toutes les voix de femmes qui m'aiment viennent, je ne dis pas relever mon *courage*, car, j'ose le dire, ceci est mon bien et celui de Dieu, et non le leur, mais qu'elles me donnent au moins pendant l'absence de la vie que je rêve, les illusions qui font reposer doucement. Adieu, chère Cécile, une fois pour toutes, ne craignez donc plus avec moi d'être ma fille, mon amie, nous souffririons tous deux de cette crainte, et Fournel en souffrirait aussi. Adieu, je vous embrasse. »

Tandis qu'Enfantin parcourait le désert et s'apprêtait à visiter Suez, Fournel, maîtrisant ses appréhensions et ses doutes, continuait ses démarches actives auprès de Méhémet-Ali pour décider le pacha à entreprendre le percement de l'isthme préférablement au barrage du Nil.

« Qu'il me soit permis, dit Fournel dans une note qu'il a écrite sur l'isthme de Suez et qu'il a bien voulu nous communiquer; qu'il me soit permis de mentionner ici qu'un séjour de près de cinq mois et demi à Alexandrie et au Caire a été exclusivement consacré par moi à presser le célèbre Mohammed-Ali d'exécuter le percement de l'isthme de Suez. Je voulais lui persuader de prendre l'initiative, de faire un appel aux puissances intéressées pour qu'elles fournissent les fonds des études et de l'entreprise à l'exécution de laquelle il aurait fourni les bras, travaillant, bien entendu, sous les ordres d'ingénieurs européens. — C'était, comme je le disais à Arlès dans une lettre datée de Lyon le 3 septembre 1833, la formation d'une sainte alliance des souverains en vue de l'intérêt des peuples. Le canal achevé, le vice-roi d'Égypte, moyennant un très-faible péage, aurait été chargé de l'entretien, et cette grande voie, terrain neutre qui n'aurait été la propriété de personne, aurait ouvert le commerce de l'Inde à toutes les nations. J'étais arrivé à Alexandrie le 23 octobre ; après m'être mis en relation avec M. Mimaut, alors consul général, et avec M. Ferdinand de Lesseps, vice-consul, qui me firent le plus obligeant accueil, je me rendis au Caire où je trouvai le vice-roi. Le lundi 13 janvier 1834, M. Mimaut me présenta à Son Altesse. Cette première audience ne dura pas moins de deux heures. Il me fallut combattre un projet qui était alors l'incessante préoccupation de Mohammed-Ali, le projet du barrage du Nil, dont la conception ne manque pas de grandeur, mais que la faible population de l'Égypte, à cette époque, devait faire ajourner. Le 15 janvier, une nouvelle audience fut employée encore à examiner l'opportunité des deux projets, et je dus croire que Son Altesse était ébranlée, puisqu'elle m'invita à exposer mes idées à son grand conseil. Je fus, en effet, convoqué aux séances des 28, 29 et 31 janvier. Cette dernière se prolongea jusqu'à une heure du matin, et le grand conseil se prononça en faveur du barrage. »

A coup sûr, cet incident n'était pas fait pour amener Fournel à rien rabattre du *tant pis* qu'Enfantin lui avait reproché. Ne croyant pas à la possibilité actuelle du barrage, et ne pouvant espérer la réalisation prochaine du percement de Suez, dont il avait fait le but principal de son séjour en Égypte, il tourna ses regards vers la France. Enfantin, instruit de ces dispositions, revint précipitamment au Caire, d'où il écrivit la lettre suivante à Ollivier, Holstein et Urbain, qu'il avait laissés à Suez :

« Vieux Caire, chez Soliman-Bey, 13 février 1834.

» Nous avons fait promptement et très-heureusement notre course, mes amis; j'étais pressé. Le lendemain de notre départ, à sept heures du soir, nous étions dans le Caire, ne nous étant arrêtés en route que cinq heures pour dormir.

» J'étais pressé, et vous savez pourquoi ; la lettre de Cécile et le silence de Fournel exigeaient une prompte solution ; voici ce qui est arrêté :

» Ils retournent tous deux en France. Continuation de leur vie antérieure, de leur apostolat au milieu de nous autres célibataires ; l'acte qu'ils font est un double témoignage de la puissance des affections de famille et de celle de la femme. Nous avons besoin, en effet, que parmi nous quelqu'un *témoigne* sa foi sous cette forme, et c'est bien à ceux qui, seuls, remplissent les conditions d'époux et de maternité à la fois.

» Comme vous devez le penser, ceci demande de ma part quelques actes ici auxquels j'ai besoin de réfléchir, par conséquent un séjour dont je ne peux assigner le terme; l'argent d'ailleurs manque entièrement.

» Pour vous, comme pour moi, le moment est grave et solennel; le PÈRE est loin de vous, vous êtes livrés à VOUS-MÊMES, c'est-à-dire que vous avez, vous aussi, à trouver dans cet isolement une volonté PERSONNELLE qui raffermisse ou modifie les sentiments directeurs de votre vie actuelle.

» Pour commencer à pratiquer ce que je vous dis ici, ne pouvant aujourd'hui rien vous dire sur l'époque de mon retour à Suez, de mon voyage au Sinaï ou de tout autre acte que Dieu m'inspirerait, après que le départ de Fournel sera annoncé et réalisé, je désire que vous décidiez vous-mêmes ce que vous avez à faire en cet instant, car je confesse mon impuissance à vous donner une direction que je puisse regarder consciencieusement comme religieuse.

» Déjà pour notre dernier voyage, et même pour

notre arrivée en Égypte, j'ai cru devoir écouter votre volonté, même en la combattant souvent avec rudesse; aujourd'hui, plus que jamais, la même marche m'est imposée. Sans cela, tant que nous n'aurons pas une œuvre nette, claire, qui assigne à chacun sa vie, je m'exposerais à m'imposer à vous, et je vous exposerais à vous imposer à moi, si je ne vous ouvrais pas fréquemment les yeux sur la sainteté de votre vie près de moi.

» Réfléchissez, vous dis-je, à ce que, très-religieusement, Fournel et Cécile se décident à faire. Défiez-vous surtout du jugement que vous porterez sur ce grand acte, et qui vous ferait regarder leur retour en France comme funeste à notre œuvre et personnellement à moi; car je suis loin de le considérer ainsi; j'en suis loin, très-loin. Si Dieu m'ôte celui que j'ai nommé mon *bras droit*, c'est qu'il veut que mon véritable bras droit, le MIEN, devienne fort; ce que je voulais faire, en ajoutant à ma main un levier, il faudra que je le fasse avec mes propres muscles. — Voici quant au départ d'Égypte; pour ce qui concerne l'arrivée en France, je crois que ceux et celles qui nous aiment, qui m'aiment, verront dans le retour de Fournel un motif de plus d'amour pour moi et d'espoir en MOI; d'un autre côté, ceux qui ne nous aiment pas me déclareront tout à fait mort, et je n'y vois pas d'inconvénient ; au contraire, puisque c'est là le sentiment que, depuis la cessation du *Globe*, j'ai voulu donner sur moi.

» Il n'y a aucune nouvelle de France. Les derniers journaux sont du 8 janvier et ils sont arrivés le 26, ce qui me fait croire à de prochaines nouvelles.

» Les deux généraux sont toujours aussi bien pour nous.

» Ibrahim n'arrivera, dit-on, que dans deux mois.

» Linant est absent ; il est au Fayoum, ainsi que Bonfort.

» Je n'ai pas encore vu Clorinde.

» David, Lami et Alric vont, selon toute apparence, quitter le costume. Toché et Cognat, qui sont en bourgeois, font à eux deux de la médecine magnétique

» Machereau ne parle pas de venir.

» Au contraire, Granal va arriver ; quelques-uns disent que Tourneux va revenir.

» Adieu, mes enfants, c'est aujourd'hui l'anniversaire de la séparation de Rodrigues, c'est le jour de Fournel et de Barrault ; voici trois hommes mariés dont la vie conjugale sera inscrite dans les actes apostoliques; et c'est aussi l'anniversaire de la mort du duc de Berry, dans laquelle une femme, une mère, a joué un grand rôle. Profitons de tout ce qui nous rappelle la femme et sa puissance. — P. ENFANTIN. »

Le nouvel appel du maître à la liberté, à la spontanéité des disciples, est à remarquer dans cette lettre. Enfantin constate une fois de plus, lui qui est incontestablement L'HOMME SUPÉRIEUR pour tous ceux qui l'aiment, le comprennent et le cultivent ; Enfantin constate que la *supériorité mâle*, toute seule, est impuissante à fonder l'autorité normale dans l'ordre saint-simonien, et que l'*attente* de la FEMME MESSIE doit constituer une période exceptionnelle, mêlée d'absolutisme et de démocratie, dans l'établissement du *nouveau christianisme*. Qu'on le tienne pour mort d'ailleurs, à chaque crise intérieure de l'apostolat, peu lui importe ! ou, pour mieux dire, c'est le sentiment qu'il a voulu donner sur lui au monde depuis sa retraite à Ménilmontant. Il sent bien, lui, qu'il vit et qu'il vivra, sinon dans ses œuvres accomplies, du moins dans ses conceptions et ses prophéties dont il espère toujours avec confiance la réalisation successive à travers les âges ; mais il n'abandonne pas même le champ des œuvres actuelles, de quelques difficultés qu'elles soient entourées. Si Méhémet préfère le barrage du Nil au percement de Suez, l'inspirateur suprême du percement ira au barrage. Il écrit, en mars 1834, à Hoart et à Bruneau :

« Mes amis, je vous envoie la lettre que j'écrivais le 13 février à ceux de mes enfants qui étaient à Suez ; elle suffira, je pense, à vous expliquer tout ce que vous dira Fournel à son retour ; vous aurez d'ailleurs, sur cette portion de notre vie, plus tard et par d'autres voies, des renseignements et des explications qui seraient inutiles aujourd'hui, où nous n'avons, vous et moi, pas de temps à perdre.

» Et maintenant d'autres que vous auraient à faire un effort immense pour comprendre ce que je vais vous dire et surtout pour y conformer leur vie ; mais je compte sur vous ; nous approchons de l'ère des miracles, lisez donc saintement ; c'est votre PÈRE qui vous parle, c'est le Messie qui ordonne.

» Je vous appelle tous deux, Hoart et Bruneau, et avec vous Corréze, Boudousquié et Boullanger, à leur défaut trois autres élèves de l'École ou deux au moins qui aient fait exécuter des travaux de construction, surtout des travaux hydrauliques. Autour de vous quatre ou cinq, et attachés à vous; j'appelle encore huit ou dix piqueurs, conducteurs de travaux choisis par vous et auxquels vous direz, pour toute promesse d'engagement, qu'ils vivront *comme vous* et *avec vous ;* c'est vous dire qu'ils doivent être de notre foi ou bien près d'elle.

» J'ai dit cinq ingénieurs, c'est une limite inférieure; un plus grand nombre serait bien reçu ; je n'en dis pas autant des piqueurs ; dix est la limite supérieure, et je voudrais que parmi eux se trouve un maître maçon et un tailleur de pierres bon appareilleur.

» S'il ne s'agissait que de vous, il me suffirait de vous donner cet ordre pour être certain de son exécution, mais j'appelle avec vous des hommes qui ont moins reçu de ma vie ; il leur faut des détails qu'une lettre rendra imparfaitement ; Duguet avant peu vous les portera.

» Jusque-là sachez que je suis plus que jamais confiant dans le succès de la sainte mission que DIEU m'a donnée; je renouvellerai l'*industrie humaine* comme Saint-Simon a renouvelé l'*intelligence ;* sans cela, je ne serais digne que d'avoir fait la *théorie* de la MORALE, et non de pratiquer la vie de bonté et d'amour de DIEU que je vous ai fait aimer ; je serais digne de mon passé et n'aurais plus d'avenir ; or j'ai quitté l'un bien décidément, et je touche à l'autre plus décidément encore.

» Ménilmontant s'est transformé, le symbole devient réalité à la fin de cette année. Après l'inondation du Nil, j'aurai sous mes ordres, sinon officiellement, du moins par le fait, une armée de quarante mille travailleurs; vous en serez l'état-major.

» LISEZ SAINTEMENT CE QUE J'ÉCRIS.

» Et pour nous préparer à donner à la mer ses limites et à lui ouvrir des passages, nous jouerons avec le grand Nil, nous l'enfermerons dans des digues et nous soulèverons ses eaux pour les verser à volonté sur la terre.

» Jusqu'à votre arrivée, je fais préparer le lieu de travail et les instruments, le champ de bataille et les armes.

» Le pacha nous accepte avec joie, moi et vous, comme *volontaires*, pour cette grande campagne.

» L'homme qui est chargé du travail, Linant, et plus encore celui qui a la haute main dans tous les travaux de ce pays, Hatteim-Bey, nous aiment et comptent l'un et l'autre sur nous autant que sur eux-mêmes; non-seulement notre position de *volontaires* n'excite en rien leur jalousie, mais elle nous fait aimer et comprendre par eux.

» Linant est pour Lambert et moi une des formes vivantes de notre Talabot; cette vie qui nous fut chère l'a reliée à nous et nous à lui; il sent bien que son œuvre sans nous serait au-dessus de ses forces, de même que sans lui, qui a sur les Arabes l'autorité de la langue et des habitudes du pays, et celle que donnent le savoir et la volonté ferme, nous n'aurions rien à faire en Égypte.

» Le pacha a conçu le vaste projet qui va s'exécuter sur le Nil; les difficultés sont très-grandes, les moyens matériels très-puissants; c'est jusqu'ici le plus beau champ de bataille qui ait été ouvert à l'industrie; il est digne des Pyramides qui le dominent.

» Il s'agit de barrer le Nil à la naissance des deux branches de Rosette et Damiette, afin d'avoir en tout temps, même aux époques des plus basses eaux, une hauteur pour les eaux d'*irrigation* presque égale à celle des moments d'inondation, et cela sans interrompre la *navigation;* or la crue du Nil est de vingt-deux à vingt-trois pieds, et sa largeur, dans les basses eaux, est de trois cents à quatre cents mètres environ; jugez !

» Comme les nobles *volontaires* qui s'attachaient aux armées dans les grandes campagnes, nous recevrons la tente, les rations et les armes; nous savons vivre en soldats, et d'ailleurs si nos vieux amis nous laissaient manquer du sou de poche pour les jours de joie, nous avons des amis moins anciens et nous en ferions de nouveaux encore, fût-ce même le pacha.

» J'ai parlé des jours de joie, que Rogé et Massol continuent leur œuvre, je ne tarderai à demander aussi la musique : les Arabes ne marchent pas au travail sans elle (nous venons de voir arriver dix mille paysans pour creuser un petit canal dans l'endroit où se feront les barrages; ils avaient le tarabouk, le fifre et la flûte de jonc en tête). Qu'ils se se préparent, même comme s'ils devaient partir en même temps que vous.

» Quant à vous, si vous pouvez joindre à la troupe un médecin, vous ferez bien. Lambert écrit à ce sujet à Lachèze, ami de Boudousquié.

» Un Russe seul, parmi les Européens, pourrait comprendre, sans voir l'Égypte, la possibilité d'un immense travail comme celui que le pacha fait entreprendre; pour nous autres Français, Anglais, hommes des nations *libérales*, où l'homme ne marche plus au bâton et par masses compactes, un chantier de 40,000 hommes paraît un rêve des *Mille et une Nuits;* ici c'est chose ordinaire, ici où 300,000 hommes creusèrent le canal de Mamoudieh et laissèrent 15 à 20,000 morts sur le champ de bataille, ici où l'on trouve à l'arsenal 20,000 pioches aussi facilement que 20,000 boulets; ici où le travailleur couche à la belle étoile et vit avec quelques fèves.

» Déjà se font des transports de matériaux, les pierres arrivent à force par cent barques sur le Nil ; on se propose bientôt de doubler ce nombre.

» Ce mois-ci commencent les constructions des ateliers et magasins, des fours et moulins, pour le pain des travailleurs.

» En même temps les ingénieurs font les plans et tracés préparatoires.

» Dans une lettre précédente, je vous ai parlé du projet du pacha de faire une école polytechnique; depuis lors vous aurez peut-être appris qu'une place de directeur des études avait été offerte à Lambert, qui l'a refusée et qui s'est présenté, pour ceci comme pour toute chose, en qualité de *volontaire* et non d'employé. Aujourd'hui le pacha est entré plus avant encore dans la voie du progrès; sur la demande du général Hattein-Bey, il a ordonné d'envoyer camper près des barrages futurs soixante jeunes gens composant ce qu'on nomme jusqu'ici l'*école des ingénieurs*, afin que la *pratique* qu'ils auront sous les yeux soit leur véritable enseignement, et qu'ils puissent se mêler aux travaux *industriels* avant d'avoir pâli sur les théories *scientifiques*. Par le fait, cette école est le noyau de l'école polytechnique projetée ; nous avons l'œil sur cette pépinière naissante et la cultiverons spécialement. Votre arrivée lui sera très-utile. Voyez la note que Lambert a écrite à Flachat pour Lamé et faites-la exécuter.

» Ainsi notre vie de 1832 et 1833 s'explique et n'est pas seulement un symbole pour les générations futures; ce fut une initiation *pratique* pour vous, dont vous devez tirer parti aujourd'hui; et moi-même dans ma vie de jeunesse, je sais pourquoi j'ai bâti pour Saint-Cyr un pont, changé le cours d'un ruisseau et élevé sa maison.

» Nous sommes en position de donner au monde qui doute le témoignage de la force que DIEU a mise en nous, comme au *Globe* en 1831 nous lui avons montré notre *science*. L'intrépidité prévoyante qu'il nous a fallu pour oser assumer sur nous la charge pécuniaire et intellectuelle d'un journal quotidien, à l'époque où rien n'était organisé dans notre famille, pour faire croire que nous en avions puissance; cette intrépidité n'est pas éteinte en nous. Je vous écris comme j'écrivais alors à Michel, il s'agit de diriger un grand fleuve et une grande armée de travailleurs, au lieu d'un général et d'une poignée d'écrivains, et ce fleuve c'est le Nil, et ces travailleurs, des Égyptiens.

» Déjà, près du Caire, le prince et le peuple ont changé des montagnes de ruines et de poussière en jardins frais d'oliviers et de palmiers ; l'Égypte, par l'ordre de Méhémet, se couvre de plantations de mûriers; la pomme de terre se cultive ; un mot du pacha fait pousser les arbres par centaines de mille dans ce pays d'autocratie, et, comme le dit Hattein-Bey, le pacha vient d'ordonner un rideau d'ombrage sur les bords du Mahmoudieh pour abriter de l'est à l'ouest, contre les ardeurs du soleil, les Occidentaux qui viendront visiter le grand travail de son fleuve.

» A l'extrémité méridionale du Delta, à la naissance des deux branches de Damiette et de Rosette, près du barrage, le siége d'une immense ville se fonde, le pacha l'espère, l'ingénieur l'a annoncé dans ses plans, et les Arabes qui, dans leur langue pompeuse, nomment l'Égypte la MÈRE du monde, verront sa capitale marcher sur le fleuve et se transporter (comme on l'a déjà fait jadis de Memphis ici) jusqu'au siége que notre main lui prépare.

» Et voilà mon atelier d'architecture, où nous aurons pour maîtres nos souvenirs d'Occident, le goût des Arabes et notre inspiration d'avenir. Là nos formes nouvelles se dessineront et s'élèveront en face des vieilles pyramides, comme nos idées se sont dressées, par la presse et dans le livre nouveau, au-dessus de Paris la savante.

» Et toujours devant nos yeux les deux mers, l'isthme que nous percerons dès que nous aurons détrempé ses terres et nivelé ses sables avec les premières eaux dont nous le couvrirons en élevant de nos mains, l'urne du fleuve.

» Car le travail pour lequel je vous appelle est la préparation de la grande œuvre de Suez.

» Et plus loin encore Panama.

» Pour marcher vers ce nouveau monde, nous aurons au moins formé ici les cadres de notre armée.

» Plus que jamais, je vous le répète, je sens la régulière continuité de la grande vie que DIEU m'a donnée et n'y vois pas de lacunes. Je façonnerai son *globe* sous l'inspiration de ma foi dans l'amour des FEMMES et de la MÈRE, comme j'ai *pétri* l'*intelligence* humaine dans l'inspiration de Saint-Simon, notre maître. La vie *pratique* du monde est ici; aucune nation ne peut entreprendre aujourd'hui une *œuvre pacifique* aussi grande; aucune ne peut, comme l'Égypte, réaliser nos prophéties industrielles.

» Je rends grâces à DIEU de ce qu'il inspire à Fournel la pensée de limiter ma vie aux proportions d'un prodigieux *théoricien*, puisqu'il me contraint ainsi à trouver en moi plus de force *pratique* que je n'y en cherchais moi-même ; mais si je devais faire, comme il le croit, un Testament, une Bible, les hommes qui m'entourent, la terre que je foule et le ciel qui me couvre seraient peu propres à me l'inspirer; tandis que dans ces trois sources je puise à pleines mains la vie d'*action* que depuis deux ans je rêve sans cesse, et vers laquelle je marche plus rapidement encore que je ne me suis avancé près de Rodrigues, de Bazard et d'Eugène, dans les voies de la science.

» Mes amis, avant peu de jours, la tente du premier *ingénieur volontaire* sera dressée ; nous vous y attendrons, moi et Lambert, capitaines, au milieu des travailleurs et près du noyau polytechnicien. Songez à Monge et à Carnot ; il faut implanter ici la *science* et ORGANISER LA VICTOIRE *industrielle*. Quatorze armées sortiront ainsi des flancs de la MÈRE *du monde* et se répandront sur le globe pour fonder la république universelle et la défendre contre la barbarie. Songez à Napoléon qui a formé, lui aussi, son état-major et son institut sous le soleil chaud des pyramides.

Songez aux femmes qui veulent vous voir faire du grand, du colossal, pour oser dire qu'elles nous aiment. Songez que je suis le bras de votre Dieu et que je vous fais signe.

» ENFANTIN. »

Ce signe ne devait pas être fait en vain. Petit, Duguet, Holstein furent chargés de porter en France l'appel du maître et d'y expliquer le retour de Fournel. Seulement, l'argent manquait pour le voyage; il en vint de Lyon. Enfantin écrivit à Arlès :

« Vous verrez bientôt Holstein [1], Fournel, Du-

1. « Holstein, disait Enfantin, s'en va en France, près de ceux qui m'aiment, sentant que sa mission est de me laisser pour le moment. »

Ceux qui aimaient le PÈRE en France le suivaient fidèlement en esprit et gardaient religieusement son souvenir. L'anniversaire de sa naissance fut célébré à Paris comme il l'avait été jusque-là dans la famille saint-simonienne. Le *Livre des actes* rendit compte de cette fête en ces termes :

« Une grande solennité vient d'être célébrée par la famille saint-simonienne : dimanche, 8 février, anniversaire de la naissance du PÈRE, elle s'est réunie à Ménilmontant. Six femmes se sont occupées d'improviser une petite fête; des tables ont été dressées dans la grande galerie; les femmes seules purent y prendre place, car, malgré les plaisirs du jour qui auraient pu retenir à Paris, plus de trois cents personnes s'y sont trouvées. Après un simple repas, nos artistes exécutèrent de beaux chants religieux, composés par Vinçard, Mercier et Briouse, dont la verve féconde trouve toujours de nouvelles inspirations dans eur amour pour l'œuvre, dans les souffrances du peuple, dans guet : tous trois vous parleront de notre situation actuelle, chacun à sa manière. Je ne puis aujourd'hui vous donner les détails qu'ils vous porteront. Sachez que, pour moi, je suis aussi content que bien portant, ce qui veut dire très-bien des deux côtés.

» Les choses marchent comme je pouvais le désirer ; mon pied est sur bon sol et ma tête en bon air.....

» Quand vous aurez vu Duguet, je serai bien aise que vous teniez Michel au courant de tout ce que vous aurez appris, si vous êtes en correspondance avec lui...

ses vœux, dans ses besoins. PÈRE, en nous livrant aux plaisirs qu'au nom de DIEU vous êtes venu sanctifier, notre amour et nos vœux pour vous ont dû aller jusqu'à LUI, car ils étaient pieusement exprimés.

» Des danses animées ont prolongé la fête jusqu'à minuit.

» Si le monde était témoin de l'union, de la bienveillance qui règnent au milieu de notre famille nombreuse, sortie de tous les rangs que les anciens priviléges sociaux avaient formés, à qui l'éducation, les précédents ont donné des habitudes, une allure différentes, toujours un peu conservées, maintenues, jusqu'à ce qu'enfin une hiérarchie forte, vraie, les transforme; il croirait au sentiment religieux qui nous unit, il saurait qu'une foi, qu'un dévouement communs peuvent établir un lien véritable sans confusion, sans désordre.

» En descendant la montagne, les musiciens exécutèrent quelques symphonies. Grâces aux soins de Rogé, dont l'infatigable dévouement sait vaincre toutes les difficultés, des instrumentistes s'exercent; nous devons espérer qu'ils augmenteront la pompe du départ. »

» Je suis tantôt sous la tente, tantôt sur une barque naviguant sur le Nil, tantôt chez le général Soliman-Bey ou le général Hattein-Bey, et dans peu de jours fixé plus positivement aux lieux où le pacha a ordonné un immense travail (un barrage du Nil), campé au milieu des travailleurs, et près d'une école polytechnique en herbe qui pousse sous notre souffle. — P. Enfantin. »

Enfantin ne tarda pas, en effet, d'aller prendre rang, comme volontaire, parmi les travailleurs du barrage, tandis que son signe traversait la mer pour lui amener bientôt Hoart et Bruneau. A ce même moment, Barrault était revenu à Constantinople d'où il écrivait à Enfantin :

« Constantinople, 15 avril 1834.

» Il y a aujourd'hui un an que vos fils touchèrent à Constantinople pour la première fois, et que par ma voix, au nom de Dieu et en votre nom, Père, ils saluèrent tous, le front découvert, les filles d'Orient, voilées, esclaves.

» Je crus, j'espérai, et alors plusieurs partageaient ma foi, qu'Elle nous répondrait : l'homme seul sembla nous entendre et il nous chassa.

» Après nos six mois d'annonciation, libre, vous parûtes vous-même sur la rive orientale. Quand je vous vis au Caire, je la crus plus que jamais à Constantinople, et je voulus y être avant la fin de notre grande année.

» Tempête, calme, relâches, échouement, tout me retarda et je n'arrivai que 1834 déjà sonné.

» Pour apprendre que Dieu avait rayé 1833 de mes prophéties sur elle.

» 1833, année de la Mère ! quel est le mystère de ce nom ?

» Restent Constantinople et sa race.

» Cependant, voyant Constantinople si triste, si morne et plus voilée dans sa gloire mâle que dans la face des femmes ; et voyant l'héritier des czars tenir suspendue sur sa tête une couronne au bout d'une épée,

» J'ai pensé qu'un nouvel empire d'Orient allait naître, immense germe, magnifique, de l'association universelle.

» Alors, plus radieuse, Constantinople m'a semblé plus encore la vraie figure de celle que nous attendons ;

» Et j'ai conspiré avec les Russes, en cherchant autant qu'il est en moi à leur rendre en Europe l'opinion plus favorable : pour eux, j'ai demandé permission de prendre leur proie.

» Je ferai autre chose. Quelques jours encore et je pars pour la Russie.

» A ce peuple qui veut ce nouvel empire, j'essayerai mystérieusement de faire vouloir l'affranchissement des femmes, et sur cette flèche qu'il tient toujours dirigée vers Constantinople, j'écrirai, si je puis, *Égalité de l'homme et de la femme.*

» Père, cette année m'a rudement éprouvé dans ses commencements!

» Ce fut d'abord dans mes enfants : embarqués à bord d'un cutter turc et séparés du convoi dont ils faisaient partie, par la tempête, ils avaient, selon le dire affirmatif des équipages de deux navires, péri; le cutter avait sombré. Dieu ne me les a rendus qu'après m'avoir laissé douter plus d'un mois, s'il m'avait ou non frappé en eux; il me les a rendus, échappés aux grosses avaries de leur barque, aux chances d'un naufrage et aux pirates.

» Puis tout récemment, et je vous ai béni, ô Père, de m'avoir appris à croire à la vie éternelle, tout récemment, dis-je, une lettre, la première que j'ai reçue des miens depuis mon départ, est venue me trouver ici pour m'apprendre que l'un d'eux n'était plus (n'était plus! quel langage désolant, s'il était vrai). Mon Père est mort, et ma mère est bien triste.

» Père, notre foi, la mienne et celle de Maréchal et de Charpin, est toujours la même en vous. Ce que je vous dis de nous, je le dis avec joie de Prax : dans la solitude où il a vécu durant quelques mois, il n'a point chancelé ; il a converti, autant qu'ils pouvaient l'être, les deux professeurs du petit collége grec où il enseigne les mathématiques; c'est lui qui, depuis notre arrivée, nous a aidés à vivre et à nous habiller.

» Père, la sainte patience avec laquelle vous acceptez la solitude et l'obscurité présentes, en les rendant fécondes pour l'avenir, ajoute à nos respects et à notre amour pour vous. Père, vous êtes grand.

» D'Eichthal est à Nauplie.

» A VOUS, à ELLE, à DIEU !

» *P.-S.* Je regrette de ne pouvoir vous envoyer copie des trois articles relatifs à la question d'Orient que j'ai envoyés en France : les deux premiers à la *Gazette*, le troisième au *Constitutionnel*. J'en ai ici donné communication à M. l'ambassadeur de France, qui m'a répondu une lettre très-obligeante et m'a fait ensuite un très-bon accueil.

» République en France, — les femmes et le peuple, — le Père rappelé, — la Mère dans la Russie grossie de l'empire ottoman, — l'accord de l'Occident et de l'Orient. — E. BARRAULT. »

Enfantin répondit à cette lettre :

« Cher fils, je viens de recevoir par Cadalvène ta lettre du 16 avril qui m'apprend ton départ pour la Russie, et en même temps Cadalvène m'annonce ton arrivée à Odessa.

» L'incertitude où je suis sur ta demeure actuelle et la voie banale que j'emploie pour te faire parvenir cette lettre, me forcent à te donner peu de détails sur ce que je fais et veux faire ; pourtant tu dois être mal ou peu renseigné, parce qu'une erreur de Duguet l'a empêché de te faire parvenir par Cadalvène des lettres que j'écrivais à Hoart et Bruneau, et qui t'auraient appris sous quelle forme je réalisais mon appel promis pour cette année en France. Au reste, cette difficulté de communication entre nous me fait croire qu'il est bien que tu apprennes plutôt des résultats, des actes accomplis que des projets ; nous nous en sommes mutuellement assez nourris jusqu'ici.

» Oui, cette année, comme la précédente, a été une grande et rude épreuve pour toi ; Dieu nous a voulu forts à la douleur comme les chrétiens, parce qu'il nous a fait ardemment désirer pour tous la religieuse pratique du plaisir, et qu'il nous fallait donner à tous un gage de la double puissance de notre vie, de notre Dieu.

» Tu es au milieu du peuple où j'ai passé plusieurs années de ma vie ; aussi était-ce pour moi, jusqu'ici, un mystère inexplicable de ne pas voir un de mes enfants porter une nouvelle vie dans le pays où j'étais venu, pour ainsi dire, terminer une vie ancienne. Dieu t'y a conduit, je lui rends grâces, et toi je t'en bénis encore une fois avec plus d'affection. C'est en Russie que j'ai acheté, au prix d'une partie de ma fortune, perdue en faisant le commerce, la *science des richesses*, par laquelle j'ai acquis plus tard, en France, toute la science que Saint-Simon nous a laissée. Là ma tête et mon cœur préludaient, auprès de mes camarades d'école et d'une femme, à la connaissance de notre Dieu de travail, de science et d'amour. Aujourd'hui, je suis revenu au milieu des ingénieurs, et j'appelle près de moi Hoart et Bruneau, et plusieurs autres élèves de l'école, pour préparer, sur le *plus grand* chantier de travail qui existe aujourd'hui dans le monde, l'œuvre qui m'a appelé ici et celles qui doivent la suivre ; mais point de femme.

» J'ai institué, par moi et Lambert d'abord, la forme d'apostolat qui répond à la phase actuelle de ma vie ; nous sommes officiellement reconnus et traités comme *ingénieurs* VOLONTAIRES, et les hommes que j'appelle seront ici au même titre, recevant, comme moi et Lambert, au milieu de cette armée pacifique qui va donner au Nil une nouvelle vie, recevant de la part du pacha une tente, la ration et les armes, comme les volontaires des armées d'autrefois.

» De même que d'autres (tu l'as su) n'ont plus compris cette transition de ma vie *scientifique* à ma vie *industrielle*, toi tu sentiras sans peine, je pense, comment le pas que je fais en ce moment me conduit là où il faut que j'arrive. Il faut une occasion, un lien, un fait, pour former l'état-major qui me sera un jour (bientôt j'espère) nécessaire pour entreprendre de l'industrie nouvelle, de la pratique *universelle* comme notre science. J'y suis, je l'ai trouvé. Chrétiens et mahométans vont se trouver ensemble au champ d'honneur, sous mes yeux, je verrai qui porte les meilleurs coups; et Renaud et Tancrède, et Argan et Soliman seront à mes côtés. *Chrétiens* et *mahométans* au *travail*, entends-tu? Chrétiens et mahométans, c'est le monde actuel tout entier.

» On fait bien d'avoir les yeux sur le fait immense qui se prépare autour de la mer Noire. Depuis la côte de Syrie jusqu'à Odessa par la Géorgie, et depuis Odessa jusqu'à Alexandrie par la Morée, il y a bien des nuages encore, qui pourtant, j'espère, se dissoudront sans violents orages. Tu as bien fait d'écrire en France l'impression que t'a fait éprouver la vue des dernières scènes du vieux drame d'Orient et la prévision des premières scènes du drame nouveau ; c'est bien par la France que l'orage sera conjuré, soit que la crise intérieure l'empêche de se mêler au mouvement oriental, soit qu'elle y participe; car si elle y intervient, elle se fera certainement de manière à rendre ce mouvement plus facile et plus doux ; plus lent peut-être, mais plus complet. Le fait politique, aussi bien que le fait industriel le plus important, se passe entre *chrétiens* et *mahométans* ; il y a là de quoi renforcer tes pressentiments sur ta primauté de salutation à ta Mère ; tu es sur les bords de la mer Noire, entre Constantinople et Moscou, chez les chrétiens ; mais je suis chez les musulmans, entre la Mecque et Rome, sur le Nil.

» Adieu, cher fils. Tu ne me dis pas clairement si Maréchal et Charpin sont avec toi ; s'ils y sont, comme je le pense, remercie-les encore pour moi de leur tendre et respectueuse affection pour toi, et presse-leur la main au nom de votre Père. »

« Barrage du Nil, 1er juin 1834.

» Lambert est en ce moment au Caire, où il s'occupe avec Hattein-Bey de la formation de l'école polytechnique d'Égypte. Ollivier est venu me faire visite et le remplacer près de moi pendant cette absence. — Alric a fait le buste du pacha, il le moule en ce moment. Urbain et Granal sont attachés comme professeurs à l'école de Kanka. Duguet, Petit et Holstein sont en France, les premiers, avec une mission qui me les fait attendre vers le mois d'août. Tamisier est dans l'Edjaz, et visite le plus qu'il peut la mer Rouge et l'Arabie. Combes et Reboul sont dans la haute Égypte vers Dougolah, partis séparément. Lami est chargé de suivre la construction d'un vaste haras dont il avait le plan. David toujours chez Robaudi, qui s'attache de plus en plus à nous; Toché sans réussite agricole, Cognat sans réussite médicale, tous deux malades; le dernier n'a pas compris qu'il pouvait se sauver de sa maladie et de sa démoralisation en acceptant la place de médecin des travailleurs du barrage que je lui offrais. — Machereau, qui était toujours resté à Alexandrie, est allé, m'a-t-on dit, faire un tour dans les îles de la Grèce; Hoart et Bruneau viennent de m'écrire et font leurs préparatifs de départ pour l'Égypte; Collin a été, il y a quelques jours, frappé au cerveau par les grandes chaleurs; je crains pour lui. Clorinde part ces jours-ci pour Alexandrie avec des projets que j'ignore; elle y attend quelques femmes de Lyon.

» Soliman-Bey est maintenant Soliman-Pacha, toujours le même, ou plutôt toujours mieux avec nous, ainsi que Hattein-Bey. »

La lettre suivante témoigne du caractère de plus en plus cordial des relations qui s'étaient établies entre Enfantin et Soliman-Pacha.

« 17 mai 1834.

» Mon cher général, ne fût-ce que pour avoir le plaisir de vous écrire, il fallait bien que je trouvasse quelque service à vous demander; le voici. Dans mes différentes courses sur votre cange, j'ai vu parmi vos bateliers un homme dont j'ai toujours été plus particulièrement content. Aujourd'hui j'ai besoin d'un homme qui fasse notre service, à Lambert et à moi, et je désirerais que cet homme nous fût uniquement et personnellement attaché, afin que son service et celui de Linant se fissent plus régulièrement. Si son éloignement de votre cange ne dérange pas trop la composition de l'équipage, si vous voulez bien faire prendre, près du reis et ailleurs peut-être, des renseignements sur la fidélité de cet homme, enfin s'il lui convient à lui-même de s'attacher à nous, vous me feriez plaisir en lui donnant ordre de venir me trouver ici.

» Cet homme se nomme Mahmoud ; il est, je crois, le premier des matelots; c'est ce bon nageur qui a tiré du Nil votre petite table dans notre voyage d'Eschmoun.

» Nous nivelons et arpentons à force ; dans peu de jours nous irons du côté de Talia, et je voudrais bien que le petit voyage que vous devez y faire se rencontrât pour la même époque ; nous ferions avec vous le plan de votre principauté. En même temps, mon cher général, je ferai ma paix avec vous, et j'en ai besoin, car je sens bien que j'ai dû blesser votre affection toute bienveillante et infatigable en ne vous mettant, directement au moins, pour rien dans les démarches qui nous ont amenés au barrage, Lambert et moi. Certes ce n'était pas la crainte de lasser votre excellent cœur, ni, comme vous avez paru le croire, l'*oubli* du zèle amical que je devais trouver en vous ; mais dans cette guerre que Dieu me fait faire, j'en ai la foi, pour le bonheur de tous et de toutes, je suis les leçons des bons maîtres, celles que vous avez si bien pratiquées ; je ne voudrais faire donner la *réserve* que pour les occasions importantes et décisives. J'ai, comme vous devez le penser, autre chose en tête que la fonction que je remplis en ce moment ; je ne me crois ni bon arpenteur, ni bon niveleur, et je ne vois pas dans le barrage, malgré son importance, l'œuvre d'industrie qui aura sur le monde une influence semblable à celle des grandes batailles d'un Alexandre, d'un César, d'un Napoléon : c'est pourtant ce qui arrivera un jour pour quelques-uns de ces glorieux combats que l'homme livre à la nature; il y aura là des Arbelles, des Pharsale, des Austerlitz et des Waterloo qui changeront la face des affaires humaines et qui n'intéresseront pas seulement un empire. Nous y marchons. Le barrage est un premier pas, un grand pas, mais qui n'est point encore sur la *grande route* de la gloire industrielle, il a le caractère trop *égoïste*, trop purement *national*. Napoléon n'aurait pas remporté une seule victoire en Europe, si les peuples européens avaient cru que ses succès n'intéressaient *que* la France ; sa gloire ne serait pas universelle, si le barrage qu'il opposait à l'Angleterre n'avait fécondé *que* la Provence, la Bretagne ou la Normandie; grâces à Dieu, les digues et les écluses qu'il a fondées dispensent plus équitablement les richesses sur le globe tout entier; il a travaillé pour l'Inde aussi bien que pour Paris en muselant *le Léopard*.

» Méhémet-Ali est-il destiné à installer dans le monde cette grande gloire des combats contre la nature? Je l'ignore et ne le crois même pas; mais ce dont je suis certain, c'est qu'il en *prépare* la venue plus puissamment que tout autre souverain, et c'est parce que j'avais en France cette pensée que je suis venu en Égypte et que je suis en ce moment volontaire dans l'armée de ce grand *préparateur* de la gloire pacifique.

» De toutes les forces de ma vie, et par toute l'influence que je peux exercer sur les hommes qui croient que Dieu m'a donné une mission utile à *tous* et à *toutes*, je cherche donc à aider la venue de cette ère de paix et de travail dont l'humanité a soif; et dans les actes que ce désir m'inspire, je vous le dis encore, mon cher général, la réserve aura un fameux coup de collier à donner. Déjà le Houzard tient dans ses mains, non plus la bride d'un coursier belliqueux, mais les rênes de la jeunesse *studieuse*; son cheval *Arif* n'est-il pas un symbole? Si beau, si blanc, si fort, si fidèle, Arif est le cheval qui échappe à tous les dangers de la guerre, survit à tous ses compagnons, et qui sait aussi bien s'emparer de toute la gloire dans la paix, qu'il a su la conquérir dans les batailles.

» Nous aurons à causer à Talia, mon cher général. Je vous l'ai déjà écrit : chez vous, au Caire, on ne peut pas causer; je ne crois pas qu'il me soit arrivé de m'y trouver une heure seul avec vous. Dans quelques jours, d'ailleurs, il y aura une bonne petite armée de travailleurs sur notre barrage; cela est bon à voir. Vous aimez l'Arabe en soldat, et celui-là vous aime ; l'autre doit finir par vous aimer aussi. — Mahmoud-Bey paraît compter beaucoup sur le plaisir de vous voir. Comme je travaille un peu plus qu'au Caire, je cherche quelquefois votre tabatière à côté de moi ou dans ma poche. *Ma fiche*, je ne veux pourtant prendre du tabac qu'avec vous; ainsi ne me faites pas jeûner trop longtemps.

» Comme en vous embrassant l'autre jour, je vous dis encore que ma *mémoire* est bonne, pour les bonnes choses du moins, et que je *n'oublie* pas plus ce que vous avez été pour moi que je n'ignore ce que vous serez toujours, plus qu'un ami.

» P. ENFANTIN. »

L'exploration apostolique de Barrault sur les rives de la mer Noire fut de courte durée. Revenu en Égypte, il s'empressa d'écrire à Enfantin :

« Père,

» Je suis de retour à Alexandrie.

» Nous avons vainement frappé aux portes de l'empire russe. Un ordre du cabinet de Saint-Pétersbourg nous en a interdit l'entrée, *en raison de la secte à laquelle nous appartenons*. Toutefois notre tentative n'a pas été sans quelque fruit : nos entretiens avec les employés supérieurs du lazaret ont donné de notre caractère une idée autre que celle qui existait, et nous ont appris quelque chose de la Russie ; la communication faite au comte Woronzow, gouverneur général de la nouvelle Russie, des deux articles que le *Temps* a insérés depuis sur les affaires d'Orient, m'a valu une obligeante réponse.

» Forcés de retourner à Constantinople, nous y avons assisté aux fêtes de la noce de la fille du sultan. Pendant ces fêtes, j'ai à peu près converti un jeune Levantin fort intelligent, faisant le commerce en Perse ; je suis assuré d'avoir dans le nord de cet empire un missionnaire.

» Nos ressources avaient été épuisées et nous étions obligés de battre en retraite ; car le lieu ne nous fournissait pas des moyens de ravitaillement. Je résolus d'aller battre monnaie à Smyrne, comme je l'avais fait à Alexandrie. J'étais assuré de réussir, quand la peste, attaquant les quartiers turcs et juifs, a répandu l'alarme dans le quartier franc et m'a empêché de faire mon cours.

» Il ne nous restait d'autre parti que de revenir à Alexandrie, où d'ailleurs nous avions, après notre expulsion de Russie, le projet de nous rendre.

» J'ai envoyé aux journaux, depuis notre départ d'Odessa, trois nouveaux articles : un sur la Perse, un second sur Constantinople ancienne, un troisième sur la noce à Constantinople,

» A Smyrne, j'ai eu, par Fourrichon et par le journaliste de la ville, tous deux fraîchement arrivés de Nauplie, des nouvelles de d'Eichthal. Il est employé dans le gouvernement grec ; la colonisation de la Grèce et les travaux publics, telles sont ses attributions et celles d'un jeune Français, c'est comme un petit ministère. Aujourd'hui que je suis en quarantaine, j'achève de rédiger quelques notes et quelques aperçus sur le Levant ; cela fait, je jetterai la plume avec plaisir.

» Père !

» Vous êtes à l'œuvre avec Lambert ! Depuis hier je bénis Dieu, car je sens profondément ce qu'il y a de haut et de fécond dans votre position actuelle. C'est plus que Pierre le Grand à un chantier d'Occident. Le Nil qui porta le berceau de Moïse porte aussi celui de votre grandeur industrielle.

» Père !

» Pendant les six mois que j'ai passés loin de l'Égypte, j'ai aussi bien souvent rêvé l'*œuvre*. Je suis revenu à Alexandrie sous cette préoccupation.

» Cependant, je suis aujourd'hui dans un saint doute ; vous êtes libre et mon devoir est de vous demander conseil. Père, ne sentez-vous pas qu'il y a pour moi plus qu'un devoir à le faire et à vous revoir?

» Si vous le permettez, dès que je serai sorti de quarantaine j'irai vous trouver au barrage.

» Dans la situation où je me trouve, j'ai cru que j'avais à rendre leur liberté complète à Maréchal et à Charpin : quoique les circonstances nous réunissent encore, cependant je me suis mis à part d'eux, désirant que, de retour en Égypte, ils puissent, en toute indépendance, choisir la route qui leur va.

» Prax a comme nous et avec nous quitté Constantinople. Il sentait qu'il y avait terminé ce qu'il y pouvait faire, et il désirait vivement vous voir. Prax, par sa conduite à notre égard, a acquis de nouveaux droits à notre affection : Père ! je vous demande la vôtre pour lui ; c'est la meilleure marque que je puisse lui donner de mes sentiments.

» Père!

» Tous vos fils, par ma voix, témoignent de leur respect et de leur amour pour vous.

» A ELLE, à VOUS, à DIEU ! — E. BARRAULT. »

Quand cette lettre parvint à Enfantin, il venait d'écrire en France à Mlle Saint-Hilaire, que Barrault était en Russie. Dans cette même lettre, il recommandait instamment la conservation des archives. « Je pense, disait-il, que si Marie (Talon) vient ici, vous veillerez à ce que toutes les archives quelle possède soient en sûreté... Vous avez eu bien soin, n'est-ce pas, de mettre en ordre toute notre correspondance de la prison; mais si vous n'avez pas déposé une copie cachetée de toutes les pièces que vous avez quelque part, vous avez mal fait, madame, vous qui êtes ordinairement femme à précaution.

» Je ne vous ai pas dit un mot de ma santé, c'est clair, elle est excellente.

» Lambert est devenu un luron, il boit, mange et dort comme une personne naturelle. S'il savait que je vous écris, il me demanderait bien une place pour vous dire de bonnes choses, car il vous aime bien. Le général Soliman l'a surnommé *Serpent caché sous les fleurs*, et il s'acquitte en effet, on ne peut mieux, de cette fonction, seulement les piqûres sont des excitations à bien faire. »

Peu de jours après, Enfantin avait écrit encore à Mlle Saint-Hilaire :

« J'ai lu vite l'ouvrage de Quinet; si le public nous a trouvés incompréhensibles, je ne sais comment il appellera celui-là ; c'est superlatif dans ce genre. Il y a du beau dans la forme, mais plutôt dans des essais de style qui sentent la lecture de Duveyrier et de Michel, que dans la marche générale du *mystère*. Cette forme même du mystère est un contresens. Je n'ai d'ailleurs rien su voir là dedans qui annonçât le sentiment de la vie du *prolétaire*, du *travailleur* quoique vous, ou Pauline, l'ayez écrit à Petit ou Lambert. C'est toujours un élève de l'école normale qui a vu, comme Lherminier ou Dubois, les salons *Broglie* et *Guizot* que Leroux ne voyait pas. Aussi je serais surpris, dans le cas où Leroux trouverait beau l'ouvrage de Quinet (à cause de la passion pour ce qu'il appelle l'art) qu'il ne mit pas d'immenses restrictions à son admiration, je serais peu surpris que Reynaud trouvât la chose assez pauvre au fond. Au reste, il y a là dedans quelque chose qui poussera. C'est ma tentative de réformation de style mythologique transformé, dont la langue française surtout a besoin.

» Ma dernière lettre est des 17 et 19 juin; depuis lors, j'ai eu des nouvelles d'Alexandrie; il paraît que le buste y a fait fortune; Alric est chargé de l'exécuter en marbre, et le pacha a parlé de faire la statue équestre d'Ibrahim. Je compte toujours bien sur le mouleur. Je n'écris pour cela ni aux capitaines, ni à Petit et Duguet, parce que je suis plus sûr que ma lettre vous trouvera; je compte que Laure et Cendrier auront découvert l'homme qu'il faut à Alric ou *les* hommes, car j'aurai besoin moi-même ici d'un mouleur (celui-là plutôt architecte que sculpteur) pour modeler différentes choses dans nos travaux et à l'école. Je ne puis rien écrire encore de positif à Rogé. J'aurais voulu aussi pour cela avoir de ses nouvelles directes ou indirectes. Je n'en ai pas du tout. J'apprends seulement que Clorinde, à son passage ici, a dit qu'il exerçait jusqu'à quarante musiciens de cuivre, mais quels sont ces hommes, leur disposition, leur foi? Je l'ignore. Clorinde, à son passage ici, n'avait elle-même aucune nouvelle, c'est Lambert qui m'écrit qu'elle lui a dit cela à Alexandrie.

» Je vous répète encore ce que je vous ai dit dans ma dernière lettre; combien les détails sur les *personnes* me sont agréables et utiles; j'ai besoin de savoir ce que font mes membres laissés en France, car je ne me suis pas transporté ici tout entier; et à peine aurai-je ici les ingénieurs et piqueurs que j'ai demandés, qu'il me faudra savoir sur qui je peux compter en France pour d'autres missions d'autre nature, soit vers ce pays-ci, soit vers d'autres pays.

» Le peu de mots que vous m'avez dit de Margerin, sous forme de plaisanterie, ne me suffisent pas. Si Margerin émerveille les catholiques, c'est qu'il vise à autre chose qu'à devenir curé, et s'il est à Munich, il ne tardera pas à être à Vienne ou à

Rome. Outre cela, il doit y avoir en Allemagne un commencement de rumination sur nos idées philosophiques et politiques. Je suis complétement ignorant de ce mouvement; il y a un homme à Paris qui doit le connaître, c'est Heine que Guéroult voit sans doute. Flachat doit savoir aussi à quel état se trouve en Angleterre notre économie politique; quelqu'un doit avoir des nouvelles de Prati; enfin en Italie, en Espagne, nous avions des enfants qui s'annonçaient bien, et qui ne sont certainement ni morts ni endormis.

» Les deux lettres de mon Père et de Thérèse m'ont fait le plaisir que j'en attendais; je n'écris pourtant ni à l'un ni à l'autre, parce que je n'ai rien encore à leur dire qui puisse mettre un véritable baume sur leur cœur. Je sens profondément qu'il faudra, pour qu'ils soient heureux de ma vie, que la *voix publique* leur crie : Ce qu'il fait est bien. Jusque-là tous les pas que je fais ne peuvent être à leurs yeux qu'une phase de plus que j'ajoute à mon grand rêve, et mon Père, par exemple, comprendra peu comment j'ai pu préférer ma position d'ingénieur *volontaire* à celle d'ingénieur *rétribué* qui m'aurait procuré des appointements approchants au moins de ceux offerts à Fournel; il le comprendra d'autant moins que ces appointements m'auraient permis d'ajouter quelques douceurs à sa mesquine existence, et que j'ai sacrifié ainsi, encore une fois, un devoir à ce qu'il peut regarder comme une folie, à ce que je regarde comme un devoir plus grand encore. J'attends donc, mais j'espère que le jour approche où tous ceux qui m'aiment réellement seront heureux pour moi et par moi.

» Tout en me disant que ma jolie cousine Eugénie avait reçu nos remercîments, vous n'ajoutez rien sur elle; cela n'est pas bien, c'est comme si vous écriviez *clôture;* je ne sais pas pourquoi je m'en tiendrais à ce premier échange de position.

» J'ai reçu enfin par nos diverses caisses, les 7, 8, 9, 10 et 11e livraisons du Livre des Actes, et le zèle de Marie me cause toujours le même plaisir. Je vois par une lettre de Cécile qu'elle m'a autorisé à lire (la vôtre à Cécile reste cachetée dans mon portefeuille) qu'elle n'a pas un grand nombre d'abonnés; cependant cette forme de publication entretient de bonnes relations.

» Voici quatre jours que cette lettre est commencée, et Lambert ne paraît pas encore. Cela me donne au moins l'occasion de vous dire que ma petite indispostion a eu d'heureuses suites; c'était une purgation dont j'avais besoin, et qui m'a bien préparé pour cette année; je suis maintenant on ne peut mieux.

» Parmi toutes les personnes dont j'ai demandé des nouvelles, j'ai oublié notre pauvre Ribes, de Ménilmontant; si vous savez ce qu'il est devenu, je serais bien aise de l'apprendre.

» Quelques mots aussi, je vous prie, sur toutes les femmes qui venaient nous voir à Ménilmontant; Suzanne, Eugénie et Pauline, Mme Vincent et sa fille, et aussi sur la famille Wendel. A-t-on des nouvelles de Désirée Verret, l'Anglaise? Je ne vous demande pas à vous seule tous ces détails, mais je vous prie d'en parler à Holstein qui se chargera d'une partie; surtout qu'il embrasse pour moi la bonne Caroline Béranger et sa fille, et donne une poignée de main au mâle.

» J'ai vu par le Livre des Actes que l'on s'était réuni une fois au Prado, et que Mercier et Vinçard y avaient chanté de nouvelles choses d'eux. Pourquoi ces pièces ne m'ont-elles pas été envoyées? Je compte sur ces deux braves garçons; et Gallé, qu'est-il devenu? Ceci est encore pour Holstein, auquel je recommande particulièrement de se rappeler qu'il a été auprès des ouvriers ma face de bonté, et qu'il est encore, sous ce rapport, mon lien avec eux. Qu'il me donne des nouvelles de nos meilleurs, et leur distribue le souvenir du PÈRE.

» ENFANTIN. »

Réponse d'Enfantin à Barrault, à Alexandrie.

« 24 juillet 1834.

» Cher fils, je savais depuis hier ton arrivée, et celle de ta lettre que je n'ai reçue qu'aujourd'hui ; je l'attendais pour t'écrire.

» Déjà j'avais engagé Cognat à donner un témoignage d'amitié à ses frères, et à toi un salut d'affection filiale ; tu recevras ces lettres en même temps que la mienne.

» Dieu te ramène près de moi et tu désires me revoir ; viens, c'est aussi pour moi plus qu'un devoir de t'y autoriser.

» Pour tes fils à qui tu as régulièrement rendu la liberté, je n'ai rien qu'un signe de satisfaction à leur transmettre par toi, car je désire qu'ils usent de leur liberté plus encore envers moi qu'envers toi, et qu'ils écoutent bien leur vocation avant de consulter ma volonté à leur égard.

» C'est donc à *toi seul* que j'écris de venir me voir ; mais que cette parole ne soit pas pour eux une défense de venir aux barrages; la terre est à eux, ils ont acquis le droit de la visiter toute entière; et moi aussi je suis à eux; ils ont acquis, par leur affection spéciale pour toi, le droit de recourir à la mienne.

» P. Enfantin. »

FIN DU NEUVIÈME VOLUME

Imp. L. Toinon et Cie, à Saint Germain.

Imp. L. Toinon et Cie, à Saint-Germain.

www.ingramcontent.com/pod-product-compliance
Ingram Content Group UK Ltd.
Pitfield, Milton Keynes, MK11 3LW, UK
UKHW020317230726
13925UKWH00002B/472

9 782013 650953